TRANZLATY

El idioma es para todos

भाषा सभी के लिए है

El Manifiesto Comunista

कम्युनिस्ट घोषणापत्र

Karl Marx
&
Friedrich Engels

Español / हिंदी

Introducción
परिचय

Un fantasma acecha a Europa: el fantasma del comunismo
एक भूत यूरोप को सता रहा है - साम्यवाद का भूत

Todas las potencias de la vieja Europa han entrado en una santa alianza para exorcizar este fantasma
पुराने यूरोप की सभी शक्तियों ने इस भूत को भगाने के लिए एक पवित्र गठबंधन में प्रवेश किया है

El Papa y el Zar, Metternich y Guizot, los radicales franceses y los espías de la policía alemana
पोप और ज़ार, मेट्टर्निच और गुइज़ोट, फ्रेंच रेडिकल और जर्मन पुलिस-जासूस

¿Dónde está el partido en la oposición que no ha sido tachado de comunista por sus adversarios en el poder?
विपक्ष में वह पार्टी कहां है जिसे सत्ता में उसके विरोधियों द्वारा कम्युनिस्ट के रूप में निंदा नहीं की गई है?

¿Dónde está la Oposición que no haya devuelto el reproche de marca al comunismo contra los partidos de oposición más avanzados?
वह विपक्ष कहां है जिसने अधिक उन्नत विपक्षी दलों के खिलाफ, साम्यवाद की ब्रांडिंग निंदा को वापस नहीं फेंका है?

¿Y dónde está el partido que no ha hecho la acusación contra sus adversarios reaccionarios?
और वह पार्टी कहां है जिसने अपने प्रतिक्रियावादी विरोधियों के खिलाफ आरोप नहीं लगाया है?

Dos cosas resultan de este hecho
इस तथ्य से दो बातें सामने आती हैं

I. El comunismo es ya reconocido por todas las potencias europeas como una potencia en sí misma
I. साम्यवाद पहले से ही सभी यूरोपीय शक्तियों द्वारा स्वयं एक शक्ति होने के लिए स्वीकार किया गया है

II. Ya es hora de que los comunistas publiquen abiertamente, a la vista de todo el mundo, sus puntos de vista, sus objetivos y sus tendencias

II. अब समय आ गया है कि कम्युनिस्टों को पूरी दुनिया के सामने खुले तौर पर अपने विचारों, उद्देश्यों और प्रवृत्तियों को प्रकाशित करना चाहिए

deben hacer frente a este cuento infantil del Espectro del Comunismo con un Manifiesto del propio partido

उन्हें साम्यवाद के भूत की इस नर्सरी कहानी को पार्टी के घोषणापत्र के साथ ही पूरा करना चाहिए

Con este fin, comunistas de diversas nacionalidades se han reunido en Londres y han esbozado el siguiente Manifiesto

इसके लिए, विभिन्न राष्ट्रीयताओं के कम्युनिस्ट लंदन में इकट्ठे हुए हैं और निम्नलिखित घोषणापत्र को स्केच किया है

El presente manifiesto se publicará en inglés, francés, alemán, italiano, flamenco y danés

यह घोषणापत्र अंग्रेजी, फ्रेंच, जर्मन, इतालवी, फ्लेमिश और डेनिश भाषाओं में प्रकाशित किया जाना है

Y ahora se publicará en todos los idiomas que ofrece Tranzlaty

और अब इसे उन सभी भाषाओं में प्रकाशित किया जाना है जो ट्रांज़लाटी प्रदान करती हैं

La burguesía y los proletarios
बुर्जुआ और सर्वहारा

La historia de todas las sociedades existentes hasta ahora es la historia de las luchas de clases

सभी मौजूदा समाजों का इतिहास वर्ग संघर्षों का इतिहास है

Hombre libre y esclavo, patricio y plebeyo, señor y siervo, maestro de gremio y oficial

फ्रीमैन और गुलाम, पेट्रीशियन और प्लेबीयन, लॉर्ड और सर्फ़, गिल्ड-मास्टर और ट्रैवलमैन

en una palabra, opresor y oprimido

एक शब्द में, उत्पीड़क और उत्पीड़ित

Estas clases sociales estaban en constante oposición entre sí

ये सामाजिक वर्ग एक-दूसरे के लगातार विरोध में खड़े थे

Llevaron a cabo una lucha ininterrumpida. Ahora oculto, ahora abierto

उन्होंने निर्बाध लड़ाई लड़ी। अब छिपा हुआ, अब खुला

una lucha que terminó en una reconstitución revolucionaria de la sociedad en general

एक लड़ाई जो या तो बड़े पैमाने पर समाज के क्रांतिकारी पुनर्गठन में समाप्त हुई

o una lucha que terminó en la ruina común de las clases contendientes

या एक लड़ाई जो प्रतियोगी वर्गों के आम बर्बादी में समाप्त हुई

Echemos la vista atrás a las épocas anteriores de la historia

आइए हम इतिहास के पहले के युगों को देखें

Encontramos casi en todas partes una complicada organización de la sociedad en varios órdenes

हम लगभग हर जगह समाज की एक जटिल व्यवस्था को विभिन्न आदेशों में पाते हैं

Siempre ha habido una múltiple gradación de rango social

सामाजिक स्तर का हमेशा कई गुना उन्नयन रहा है

En la antigua Roma tenemos patricios, caballeros, plebeyos, esclavos

प्राचीन रोम में हमारे पास देशभक्त, शूरवीर, प्लेबीयन, दास हैं

en la Edad Media: señores feudales, vasallos, maestros de gremios, oficiales, aprendices, siervos

मध्य युग में: सामंती प्रभु, जागीरदार, गिल्ड-मास्टर्स, जर्नीमैन, प्रशिक्षु, सर्फ़

En casi todas estas clases, de nuevo, las gradaciones subordinadas

इनमें से लगभग सभी वर्गों में, फिर से, अधीनस्थ उन्नयन

La sociedad burguesa moderna ha brotado de las ruinas de la sociedad feudal

आधुनिक बुर्जुआ समाज सामंती समाज के खंडहरों से अंकुरित हुआ है

Pero este nuevo orden social no ha eliminado los antagonismos de clase

लेकिन इस नई सामाजिक व्यवस्था ने वर्ग विरोधों को दूर नहीं किया है

No ha hecho más que establecer nuevas clases y nuevas condiciones de opresión

इसने उत्पीड़न के नए वर्गों और नई स्थितियों को स्थापित किया है

Ha establecido nuevas formas de lucha en lugar de las antiguas

इसने पुराने के स्थान पर संघर्ष के नए रूप स्थापित किए हैं

Sin embargo, la época en la que nos encontramos posee un rasgo distintivo

हालाँकि, जिस युग में हम खुद को पाते हैं, उसमें एक विशिष्ट विशेषता होती है

la época de la burguesía ha simplificado los antagonismos de clase

पूंजीपति वर्ग के युग ने वर्ग विरोधों को सरल बना दिया है

La sociedad en su conjunto se divide cada vez más en dos grandes campos hostiles

एक पूरे के रूप में समाज अधिक से अधिक दो महान शत्रुतापूर्ण शिविरों में विभाजित हो रहा है

dos grandes clases sociales enfrentadas directamente: la burguesía y el proletariado

दो महान सामाजिक वर्ग सीधे एक-दूसरे का सामना कर रहे हैं: पूंजीपति वर्ग और सर्वहारा वर्ग

De los siervos de la Edad Media surgieron los burgueses de las primeras ciudades

मध्य युग के सर्फ़ों से शुरुआती शहरों के चार्टर्ड बर्गर उभरे

A partir de estos burgueses se desarrollaron los primeros elementos de la burguesía

इन बर्गस से पूंजीपति वर्ग के पहले तत्व विकसित किए गए थे

El descubrimiento de América y el doblamiento del Cabo

अमेरिका की खोज और केप की गोलाई

estos acontecimientos abrieron un nuevo terreno para la burguesía en ascenso

इन घटनाओं ने बढ़ते पूंजीपति वर्ग के लिए नई जमीन खोल दी

Los mercados de las Indias Orientales y China, la colonización de América, el comercio con las colonias

पूर्वी-भारतीय और चीनी बाजार, अमेरिका का उपनिवेशीकरण, उपनिवेशों के साथ व्यापार

el aumento de los medios de cambio y de las mercancías en general

विनिमय के साधनों और वस्तुओं में आम तौर पर वृद्धि

Estos acontecimientos dieron al comercio, a la navegación y a la industria un impulso nunca antes conocido

इन घटनाओं ने वाणिज्य, नेविगेशन और उद्योग को एक ऐसा आवेग दिया जो पहले कभी ज्ञात नहीं था

Dio un rápido desarrollo al elemento revolucionario en la tambaleante sociedad feudal

इसने डगमगाते सामंती समाज में क्रांतिकारी तत्व को तेजी से विकास दिया

Los gremios cerrados habían monopolizado el sistema feudal de producción industrial

बंद गिल्डों ने औद्योगिक उत्पादन की सामंती व्यवस्था पर एकाधिकार कर लिया था

Pero esto ya no bastaba para satisfacer las crecientes necesidades de los nuevos mercados

लेकिन यह अब नए बाजारों की बढ़ती जरूरतों के लिए पर्याप्त नहीं था

El sistema manufacturero sustituyó al sistema feudal de la industria

विनिर्माण प्रणाली ने उद्योग की सामंती व्यवस्था का स्थान ले लिया

Los maestros de gremio fueron empujados a un lado por la clase media manufacturera

गिल्ड-मास्टर्स को विनिर्माण मध्यम वर्ग द्वारा एक तरफ धकेल दिया गया था

La división del trabajo entre los diferentes gremios corporativos desapareció

विभिन्न कॉर्पोरेट गिल्डों के बीच श्रम का विभाजन गायब हो गया

La división del trabajo penetraba en cada uno de los talleres

श्रम विभाजन ने प्रत्येक एकल कार्यशाला में प्रवेश किया

Mientras tanto, los mercados seguían creciendo y la demanda seguía aumentando

इस बीच, बाजार लगातार बढ़ते रहे, और मांग लगातार बढ़ती रही

Ni siquiera las fábricas bastaban para satisfacer las demandas

यहां तक कि कारखाने भी अब मांगों को पूरा करने के लिए पर्याप्त नहीं थे

A partir de entonces, el vapor y la maquinaria revolucionaron la producción industrial

इसके बाद, भाप और मशीनरी ने औद्योगिक उत्पादन में क्रांति ला दी

El lugar de la manufactura fue ocupado por el gigante, la Industria Moderna

निर्माण का स्थान विशाल, आधुनिक उद्योग द्वारा लिया गया था

El lugar de la clase media industrial fue ocupado por millonarios industriales

औद्योगिक मध्यम वर्ग का स्थान औद्योगिक करोड़पतियों ने ले लिया

el lugar de los jefes de ejércitos industriales enteros fue ocupado por la burguesía moderna

पूरे औद्योगिक सेनाओं के नेताओं की जगह आधुनिक पूंजीपति वर्ग द्वारा ली गई थी

el descubrimiento de América allanó el camino para que la industria moderna estableciera el mercado mundial

अमेरिका की खोज ने आधुनिक उद्योग के लिए विश्व बाजार की स्थापना का मार्ग प्रशस्त किया

Este mercado dio un inmenso desarrollo al comercio, la navegación y la comunicación por tierra

इस बाजार ने भूमि द्वारा वाणिज्य, नेविगेशन और संचार को एक विशाल विकास दिया

Este desarrollo ha repercutido, en su momento, en la extensión de la industria

इस विकास ने, अपने समय में, उद्योग के विस्तार पर प्रतिक्रिया व्यक्त की है

Reaccionó en proporción a cómo se extendía la industria, y cómo se extendían el comercio, la navegación y los ferrocarriles

इसने इस अनुपात में प्रतिक्रिया व्यक्त की कि उद्योग कैसे विस्तारित हुआ, और वाणिज्य, नेविगेशन और रेलवे का विस्तार कैसे हुआ

en la misma proporción en que la burguesía se desarrolló,
aumentó su capital

उसी अनुपात में जो पूंजीपति वर्ग ने विकसित किया, उन्होंने अपनी पूंजी में वृद्धि की

y la burguesía relegó a un segundo plano a todas las clases
heredadas de la Edad Media

और पूंजीपति वर्ग ने मध्य युग से सौंपे गए हर वर्ग को पृष्ठभूमि में धकेल दिया

por lo tanto, la burguesía moderna es en sí misma el
producto de un largo curso de desarrollo

इसलिए आधुनिक पूंजीपति वर्ग अपने आप में विकास के एक लंबे पाठ्यक्रम का उत्पाद है

**Vemos que es una serie de revoluciones en los modos de
producción y de intercambio**

हम देखते हैं कि यह उत्पादन और विनिमय के साधनों में क्रांतियों की एक श्रृंखला है

**Cada paso de la burguesía desarrollista iba acompañado de
un avance político correspondiente**

प्रत्येक विकासात्मक पूंजीपति वर्ग कदम एक इसी राजनीतिक अग्रिम के साथ था

Una clase oprimida bajo el dominio de la nobleza feudal

सामंती कुलीनता के प्रभाव में एक उत्पीड़ित वर्ग

una asociación armada y autónoma en la comuna medieval

मध्यकालीन कम्यून में एक सशस्त्र और स्वशासी संघ

**aquí, una república urbana independiente (como en Italia y
Alemania)**

यहां, एक स्वतंत्र शहरी गणराज्य (जैसा कि इटली और जर्मनी में है)

**allí, un "tercer estado" imponible de la monarquía (como en
Francia)**

वहां, राजशाही की एक कर योग्य "तीसरी संपत्ति" (जैसा कि फ्रांस में है)

**posteriormente, en el período de fabricación propiamente
dicho**

बाद में, निर्माण की अवधि में उचित

**la burguesía servía a la monarquía semifeudal o a la
monarquía absoluta**

पूंजीपति वर्ग ने या तो अर्ध-सामंती या पूर्ण राजशाही की सेवा की

o la burguesía actuaba como contrapeso contra la nobleza

या पूंजीपति वर्ग ने बड़प्पन के खिलाफ एक प्रतिकार के रूप में काम किया

y, de hecho, la burguesía era una piedra angular de las grandes monarquías en general

और, वास्तव में, पूंजीपति सामान्य रूप से महान राजतंत्रों की आधारशिला थी

pero la industria moderna y el mercado mundial se establecieron desde entonces

लेकिन आधुनिक उद्योग और विश्व-बाजार ने तब से खुद को स्थापित किया

y la burguesía ha conquistado para sí el dominio político exclusivo

और पूंजीपति वर्ग ने अपने लिए अनन्य राजनीतिक बोलबाला जीत लिया है

logró esta influencia política a través del Estado representativo moderno

इसने आधुनिक प्रतिनिधि राज्य के माध्यम से इस राजनीतिक बोलबाला को हासिल किया

Los ejecutivos del Estado moderno no son más que un comité de gestión

आधुनिक राज्य के कार्यकारी केवल एक प्रबंधन समिति हैं

y manejan los asuntos comunes de toda la burguesía

और वे पूरे पूंजीपति वर्ग के सामान्य मामलों का प्रबंधन करते हैं

La burguesía, históricamente, ha desempeñado un papel muy revolucionario

पूंजीपति वर्ग, ऐतिहासिक रूप से, एक सबसे क्रांतिकारी भूमिका निभाई है

Dondequiera que se impuso, puso fin a todas las relaciones feudales, patriarcales e idílicas

जहां भी इसे ऊपरी हाथ मिला, इसने सभी सामंती, पितृसत्तात्मक और सुखद संबंधों को समाप्त कर दिया

Ha roto sin piedad los abigarrados lazos feudales que unían al hombre con sus "superiores naturales"

इसने उस प्रेरक सामंती संबंधों को दयनीय रूप से तोड़ दिया है जो मनुष्य को उसके "प्राकृतिक वरिष्ठों" से बांधे हुए थे

y no ha dejado ningún nexo entre el hombre y el hombre, más allá del puro interés propio

और इसने मनुष्य और मनुष्य के बीच नग्न स्वार्थ के अलावा कोई संबंध नहीं छोड़ा है

Las relaciones del hombre entre sí se han convertido en nada más que un cruel "pago en efectivo"

एक दूसरे के साथ मनुष्य के संबंध कठोर "नकद भुगतान" से ज्यादा कुछ नहीं बन गए हैं

Ha ahogado los éxtasis más celestiales del fervor religioso

इसने धार्मिक उत्साह के सबसे स्वर्गीय परमानंद को डुबो दिया है

ha ahogado el entusiasmo caballeresco y el sentimentalismo filisteo

इसने शिष्ट उत्साह और परोपकारी भावुकता को डुबो दिया है

ha ahogado estas cosas en el agua helada del cálculo egoísta

इसने इन चीजों को अहंकारी गणना के बर्फीले पानी में डुबो दिया है

Ha resuelto el valor personal en valor de cambio

इसने व्यक्तिगत मूल्य को विनिमेय मूल्य में हल किया है

Ha sustituido a las innumerables e imprescriptibles libertades estatutarias

इसने असंख्य और अपरिहार्य चार्टर्ड स्वतंत्रताओं को बदल दिया है

y ha establecido una libertad única e inconcebible; Libre cambio

और इसने एक एकल, अविवेकी स्वतंत्रता स्थापित की है; मुक्त व्यापार

En una palabra, lo ha hecho para la explotación

एक शब्द में, इसने शोषण के लिए ऐसा किया है

explotación velada por ilusiones religiosas y políticas

धार्मिक और राजनीतिक भ्रमों से ढका शोषण

explotación velada por una explotación desnuda, desvergonzada, directa, brutal

नग्न, बेशर्म, सीधे, क्रूर शोषण से ढका शोषण

la burguesía ha despojado de la aureola a todas las ocupaciones anteriormente honradas y veneradas

पूंजीपति वर्ग ने हर पहले सम्मानित और श्रद्धेय व्यवसाय से प्रभामंडल छीन लिया है

el médico, el abogado, el sacerdote, el poeta y el hombre de ciencia

चिकित्सक, वकील, पुजारी, कवि और विज्ञान के आदमी

Ha convertido a estos distinguidos trabajadores en sus trabajadores asalariados

इसने इन प्रतिष्ठित श्रमिकों को अपने वैतनिक दिहाड़ी मजदूरों में बदल दिया है

La burguesía ha rasgado el velo sentimental de la familia

पूंजीपति वर्ग ने परिवार से भावुक पर्दा फाड़ दिया है

y ha reducido la relación familiar a una mera relación monetaria

और इसने पारिवारिक संबंध को केवल पैसे के रिश्ते तक सीमित कर दिया है

el brutal despliegue de vigor en la Edad Media que tanto admiran los reaccionarios

मध्य युग में शक्ति का क्रूर प्रदर्शन जिसकी प्रतिक्रियावादी बहुत प्रशंसा करते हैं

Aun esto encontró su complemento adecuado en la más perezosa indolencia

यहां तक कि इसने सबसे सुस्त अकर्मण्यता में अपना उपयुक्त पूरक पाया

La burguesía ha revelado cómo sucedió todo esto

पूंजीपति वर्ग ने खुलासा किया है कि यह सब कैसे हुआ

La burguesía ha sido la primera en mostrar lo que la actividad del hombre puede producir

पूंजीपति वर्ग ने सबसे पहले यह दिखाया है कि मनुष्य की गतिविधि क्या ला सकती है

Ha logrado maravillas que superan con creces las pirámides egipcias, los acueductos romanos y las catedrales góticas

इसने मिस्र के पिरामिड, रोमन एक्वाडक्ट्स और गोथिक कैथेड्रल को पार करते हुए चमत्कार किए हैं

y ha llevado a cabo expediciones que han hecho sombra a todos los antiguos Éxodos de naciones y cruzadas

और इसने ऐसे अभियान चलाए हैं जो राष्ट्रों और धर्मयुद्धों के सभी पूर्व पलायन को छाया में डाल देते हैं

La burguesía no puede existir sin revolucionar constantemente los instrumentos de producción

उत्पादन के साधनों में लगातार क्रांति किए बिना पूंजीपति वर्ग का अस्तित्व नहीं हो सकता

y, por lo tanto, no puede existir sin sus relaciones con la producción

और इस प्रकार यह उत्पादन के साथ अपने संबंधों के बिना अस्तित्व में नहीं रह सकता है

y, por lo tanto, no puede existir sin sus relaciones con la sociedad

और इसलिए यह समाज के साथ अपने संबंधों के बिना मौजूद नहीं हो सकता

Todas las clases industriales anteriores tenían una condición en común

पहले के सभी औद्योगिक वर्गों में एक शर्त समान थी

Confiaban en la conservación de los antiguos modos de producción

वे उत्पादन के पुराने तरीकों के संरक्षण पर निर्भर थे

pero la burguesía trajo consigo una dinámica completamente nueva

लेकिन पूंजीपति अपने साथ एक पूरी तरह से नया गतिशील लेकर आए

Revolucionar constantemente la producción y perturbar ininterrumpidamente todas las condiciones sociales

उत्पादन में निरंतर क्रांति और सभी सामाजिक स्थितियों की निर्बाध गड़बड़ी

esta eterna incertidumbre y agitación distingue a la época burguesa de todas las anteriores

यह चिरस्थायी अनिश्चितता और आंदोलन बुर्जुआ युग को पहले के सभी लोगों से अलग करता है

Las relaciones previas con la producción vinieron acompañadas de antiguos y venerables prejuicios y opiniones

उत्पादन के साथ पिछले संबंध प्राचीन और आदरणीय पूर्वग्रहों और विचारों के साथ आए थे

Pero todas estas relaciones fijas y congeladas son barridas

लेकिन ये सभी निश्चित, तेजी से जमे हुए संबंध बह गए हैं

Todas las relaciones recién formadas se vuelven anticuadas antes de que puedan osificarse

सभी नए-नए संबंध अस्थिभंग होने से पहले ही पुरातन हो जाते हैं

Todo lo que es sólido se derrite en el aire, y todo lo que es santo es profanado

जो कुछ ठोस है वह हवा में पिघल जाता है, और जो कुछ पवित्र है वह अपवित्र हो जाता है

El hombre se ve finalmente obligado a afrontar con sus sentidos sobrios sus verdaderas condiciones de vida

मनुष्य अंततः शांत इंद्रियों के साथ, अपने जीवन की वास्तविक स्थितियों का सामना करने के लिए मजबूर हो जाता है

y se ve obligado a afrontar sus relaciones con los de su especie

और वह अपने जैसे संबंधों का सामना करने के लिए मजबूर है

La burguesía necesita constantemente ampliar sus mercados para sus productos

पूंजीपति वर्ग को लगातार अपने उत्पादों के लिए अपने बाजारों का विस्तार करने की आवश्यकता है

y, debido a esto, la burguesía es perseguida por toda la superficie del globo

और, इस वजह से, पूंजीपति वर्ग को दुनिया की पूरी सतह पर पीछा किया जाता है

La burguesía debe anidar en todas partes, establecerse en todas partes, establecer conexiones en todas partes

पूंजीपति वर्ग को हर जगह घोंसला बनाना चाहिए, हर जगह बसना चाहिए, हर जगह कनेक्शन स्थापित करना चाहिए

La burguesía debe crear mercados en todos los rincones del mundo para explotar

पूंजीपति वर्ग को शोषण के लिए दुनिया के हर कोने में बाजार बनाना होगा

La producción y el consumo en todos los países han adquirido un carácter cosmopolita

हर देश में उत्पादन और खपत को एक महानगरीय चरित्र दिया गया है

el disgusto de los reaccionarios es palpable, pero ha continuado a pesar de todo

प्रतिक्रियावादियों की नाराजगी स्पष्ट है, लेकिन यह परवाह किए बिना जारी रखा गया है

La burguesía ha sacado de debajo de los pies de la industria el terreno nacional en el que se encontraba

पूंजीपति वर्ग ने उद्योग के पैरों के नीचे से उस राष्ट्रीय जमीन को खींचा है जिस पर वह खड़ा था

Todas las industrias nacionales de vieja data han sido destruidas, o están siendo destruidas diariamente

सभी पुराने स्थापित राष्ट्रीय उद्योग नष्ट हो गए हैं, या प्रतिदिन नष्ट हो रहे हैं

Todas las viejas industrias nacionales son desplazadas por las nuevas industrias

सभी पुराने स्थापित राष्ट्रीय उद्योग नए उद्योगों द्वारा उखाड़ फेंके जाते हैं

Su introducción se convierte en una cuestión de vida o muerte para todas las naciones civilizadas

उनका परिचय सभी सभ्य राष्ट्रों के लिए जीवन और मृत्यु का प्रश्न बन जाता है

son desalojados por industrias que ya no trabajan con materia prima autóctona

वे उन उद्योगों द्वारा उखाड़ फेंके जाते हैं जो अब स्वदेशी कच्चे माल का काम नहीं करते हैं

En cambio, estas industrias extraen materias primas de las zonas más remotas

इसके बजाय, ये उद्योग दूरस्थ क्षेत्रों से कच्चा माल खींचते हैं

industrias cuyos productos se consumen, no solo en el país, sino en todos los rincones del mundo

ऐसे उद्योग जिनके उत्पादों का उपभोग न केवल घर पर, बल्कि दुनिया के हर तिमाही में किया जाता है

En lugar de las viejas necesidades, satisfechas por las producciones del país, encontramos nuevas necesidades

पुरानी जरूरतों के स्थान पर, देश की प्रस्तुतियों से संतुष्ट होकर, हम नई इच्छाएं पाते हैं

Estas nuevas necesidades requieren para su satisfacción los productos de tierras y climas lejanos

इन नई इच्छाओं को उनकी संतुष्टि के लिए दूर की भूमि और जलवायु के उत्पादों की आवश्यकता होती है

En lugar de la antigua reclusión y autosuficiencia local y nacional, tenemos el comercio

पुराने स्थानीय और राष्ट्रीय एकांत और आत्मनिर्भरता के स्थान पर, हमारे पास व्यापार है

intercambio internacional en todas las direcciones; Interdependencia universal de las naciones

हर दिशा में अंतर्राष्ट्रीय विनिमय; राष्ट्रों की सार्वभौमिक अंतर-निर्भरता

Y así como dependemos de los materiales, también dependemos de la producción intelectual

और जिस तरह हम सामग्री पर निर्भर हैं, उसी तरह हम बौद्धिक उत्पादन पर निर्भर हैं

Las creaciones intelectuales de las naciones individuales se convierten en propiedad común

अलग-अलग राष्ट्रों की बौद्धिक रचनाएँ आम संपत्ति बन जाती हैं

La unilateralidad nacional y la estrechez de miras se vuelven cada vez más imposibles

राष्ट्रीय एकपक्षीयता और संकीर्णता अधिक से अधिक असंभव हो जाती है

y de las numerosas literaturas nacionales y locales, surge una literatura mundial

और कई राष्ट्रीय और स्थानीय साहित्य से, एक विश्व साहित्य उत्पन्न होता है
por el rápido perfeccionamiento de todos los instrumentos de producción
उत्पादन के सभी साधनों के तेजी से सुधार से
por los medios de comunicación inmensamente facilitados
संचार के अत्यधिक सुगम साधनों द्वारा
La burguesía atrae a todos (incluso a las naciones más bárbaras) a la civilización
पूंजीपति वर्ग सभी (यहां तक कि सबसे बर्बर राष्ट्रों) को सभ्यता में खींचता है
Los precios baratos de sus mercancías; la artillería pesada que derriba todas las murallas chinas
इसकी वस्तुओं की सस्ती कीमतें; भारी तोपखाने जो सभी चीनी दीवारों को ध्वस्त कर देते हैं
El odio intensamente obstinado de los bárbaros hacia los extranjeros se ve obligado a capitular
विदेशियों के प्रति बर्बर लोगों की तीव्र घृणा को आत्मसमर्पण करने के लिए मजबूर किया जाता है
Obliga a todas las naciones, bajo pena de extinción, a adoptar el modo de producción burgués
यह सभी राष्ट्रों को, विलुप्त होने के दर्द पर, उत्पादन के बुर्जुआ मोड को अपनाने के लिए मजबूर करता है
los obliga a introducir lo que llama civilización en su seno
यह उन्हें अपने बीच में सभ्यता को पेश करने के लिए मजबूर करता है
La burguesía obliga a los bárbaros a convertirse ellos mismos en burgueses
पूंजीपति वर्ग बर्बर लोगों को खुद बुर्जुआ बनने के लिए मजबूर करता है
en una palabra, la burguesía crea un mundo a su imagen y semejanza
एक शब्द में, पूंजीपति वर्ग अपनी छवि के बाद एक दुनिया बनाता है
La burguesía ha sometido el campo al dominio de las ciudades
पूंजीपति वर्ग ने ग्रामीण इलाकों को कस्बों के शासन के अधीन कर दिया है
Ha creado enormes ciudades y ha aumentado considerablemente la población urbana
इसने विशाल शहरों का निर्माण किया है और शहरी आबादी में काफी वृद्धि की है

Rescató a una parte considerable de la población de la idiotez de la vida rural

इसने आबादी के एक बड़े हिस्से को ग्रामीण जीवन की मूर्खता से बचाया

pero ha hecho que los del campo dependan de las ciudades

लेकिन इसने ग्रामीण इलाकों में उन लोगों को कस्बों पर निर्भर बना दिया है

y asimismo, ha hecho que los países bárbaros dependan de los civilizados

और इसी तरह, इसने बर्बर देशों को सभ्य देशों पर निर्भर बना दिया है

naciones de campesinos sobre naciones de la burguesía, el Este sobre el Oeste

पूंजीपति वर्ग के राष्ट्रों पर किसानों के राष्ट्र, पश्चिम पर पूर्व

La burguesía suprime cada vez más el estado disperso de la población

पूंजीपति वर्ग आबादी की बिखरी हुई स्थिति को अधिक से अधिक दूर करता है

Ha aglomerado la producción y ha concentrado la propiedad en pocas manos

इसने उत्पादन को बढ़ा दिया है, और कुछ हाथों में संपत्ति केंद्रित की है

La consecuencia necesaria de esto fue la centralización política

इसका आवश्यक परिणाम राजनीतिक केंद्रीकरण था

Había habido naciones independientes y provincias poco conectadas

स्वतंत्र राष्ट्र और शिथिल रूप से जुड़े हुए प्रांत थे

Tenían intereses, leyes, gobiernos y sistemas tributarios separados

उनके अलग-अलग हित, कानून, सरकारें और कराधान की प्रणालियां थीं

pero se han agrupado en una sola nación, con un solo gobierno

लेकिन वे एक राष्ट्र में, एक सरकार के साथ एक साथ मिल गए हैं

Ahora tienen un interés nacional de clase, una frontera y un arancel aduanero

अब उनके पास एक राष्ट्रीय वर्ग-हित, एक सीमा और एक सीमा शुल्क-टैरिफ है

Y este interés nacional de clase está unificado bajo un solo código de leyes

और यह राष्ट्रीय वर्ग-हित एक कानून संहिता के तहत एकीकृत है
la burguesía ha logrado mucho durante su gobierno de
apenas cien años
पूंजीपति वर्ग ने अपने दुर्लभ एक सौ वर्षों के शासन के दौरान बहुत कुछ
हासिल किया है
fuerzas productivas más masivas y colosales que todas las
generaciones precedentes juntas
सभी पूर्ववर्ती पीढ़ियों की तुलना में अधिक विशाल और विशाल उत्पादक
शक्तियां एक साथ हैं
Las fuerzas de la naturaleza están subyugadas a la voluntad
del hombre y su maquinaria
प्रकृति की शक्तियां मनुष्य और उसकी मशीनरी की इच्छा के अधीन हैं
La química se aplica a todas las formas de industria y tipos
de agricultura
रसायन विज्ञान उद्योग के सभी रूपों और कृषि के प्रकारों पर लागू होता है
la navegación a vapor, los ferrocarriles, los telégrafos
eléctricos y la imprenta
स्टीम-नेविगेशन, रेलवे, इलेक्ट्रिक टेलीग्राफ और प्रिंटिंग प्रेस
desbroce de continentes enteros para el cultivo, canalización
de ríos
खेती के लिए पूरे महाद्वीपों की सफाई, नदियों का नहरीकरण
Poblaciones enteras han sido sacadas de la tierra y puestas a
trabajar
पूरी आबादी को जमीन से बाहर निकाल दिया गया है और काम पर लगा
दिया गया है
¿Qué siglo anterior tuvo siquiera un presentimiento de lo
que podría desencadenarse?
इससे पहले की सदी में क्या पूर्वाभास भी था कि क्या फैलाया जा सकता है?
¿Quién predijo que tales fuerzas productivas dormitaban en
el regazo del trabajo social?
किसने भविष्यवाणी की थी कि ऐसी उत्पादक शक्तियाँ सामाजिक श्रम की
गोद में सो रही हैं?
Vemos, pues, que los medios de producción y de
intercambio se generaban en la sociedad feudal
तब हम देखते हैं कि सामंती समाज में उत्पादन और विनिमय के साधन
उत्पन्न होते थे

los medios de producción sobre cuyos cimientos se
construyó la burguesía

उत्पादन के साधन जिनकी नींव पर पूंजीपति वर्ग ने खुद को बनाया

En una determinada etapa del desarrollo de estos medios de
producción y de intercambio

उत्पादन और विनिमय के इन साधनों के विकास में एक निश्चित स्तर पर

las condiciones bajo las cuales la sociedad feudal producía e
intercambiaba

वे परिस्थितियाँ जिनके अधीन सामंती समाज का उत्पादन और आदान-प्रदान
होता था

La organización feudal de la agricultura y la industria
manufacturera

कृषि और विनिर्माण उद्योग का सामंती संगठन

Las relaciones feudales de propiedad ya no eran compatibles
con las condiciones materiales

संपत्ति के सामंती संबंध अब भौतिक परिस्थितियों के अनुकूल नहीं थे

Tuvieron que ser reventados en pedazos, por lo que fueron
reventados en pedazos

उन्हें अलग करना था, इसलिए वे फट गए

En su lugar entró la libre competencia de las fuerzas
productivas

उनके स्थान पर उत्पादक शक्तियों से मुक्त प्रतिस्पर्धा ने कदम रखा

y fueron acompañadas de una constitución social y política
adaptada a ella

और वे इसके अनुकूल एक सामाजिक और राजनीतिक संविधान के साथ थे

y fue acompañado por el dominio económico y político de la
burguesía

और यह पूंजीपति वर्ग के आर्थिक और राजनीतिक बोलबाला के साथ था

Un movimiento similar está ocurriendo ante nuestros
propios ojos

इसी तरह का आंदोलन हमारी अपनी आंखों के सामने चल रहा है

La sociedad burguesa moderna con sus relaciones de
producción, de intercambio y de propiedad

आधुनिक बुर्जुआ समाज उत्पादन, विनिमय और संपत्ति के अपने संबंधों के
साथ

una sociedad que ha conjurado medios de producción y de
intercambio tan gigantescos

- 17 -

एक ऐसा समाज जिसने उत्पादन और विनिमय के ऐसे विशाल साधनों को समेट लिया है

Es como el hechicero que invocó los poderes del mundo inferior

यह उस जादूगर की तरह है जिसने पाताल लोक की शक्तियों को बुलाया

Pero ya no es capaz de controlar lo que ha traído al mundo

लेकिन वह अब दुनिया में जो कुछ भी लाया है उसे नियंत्रित करने में सक्षम नहीं है

Durante muchas décadas, la historia pasada estuvo unida por un hilo conductor

कई दशकों से पिछला इतिहास एक सामान्य धागे से बंधा हुआ था

La historia de la industria y del comercio no ha sido más que la historia de las revueltas

उद्योग और वाणिज्य का इतिहास केवल विद्रोहों का इतिहास रहा है

las revueltas de las fuerzas productivas modernas contra las condiciones modernas de producción

उत्पादन की आधुनिक अवस्थाओं के विरुद्ध आधुनिक उत्पादक शक्तियों का विद्रोह

Las revueltas de las fuerzas productivas modernas contra las relaciones de propiedad

संपत्ति संबंधों के खिलाफ आधुनिक उत्पादक शक्तियों का विद्रोह

estas relaciones de propiedad son las condiciones para la existencia de la burguesía

ये संपत्ति संबंध पूंजीपति वर्ग के अस्तित्व की शर्तें हैं

y la existencia de la burguesía determina las reglas de las relaciones de propiedad

और पूंजीपति वर्ग का अस्तित्व संपत्ति संबंधों के नियमों को निर्धारित करता है

Baste mencionar el retorno periódico de las crisis comerciales

वाणिज्यिक संकटों की आवधिक वापसी का उल्लेख करना पर्याप्त है

cada crisis comercial es más amenazante para la sociedad burguesa que la anterior

प्रत्येक वाणिज्यिक संकट पिछले की तुलना में बुर्जुआ समाज के लिए अधिक खतरा है

En estas crisis se destruye gran parte de los productos existentes

इन संकटों में मौजूदा उत्पादों का एक बड़ा हिस्सा नष्ट हो जाता है

Pero estas crisis también destruyen las fuerzas productivas previamente creadas

लेकिन ये संकट पहले से निर्मित उत्पादक शक्तियों को भी नष्ट कर देते हैं

En todas las épocas anteriores, estas epidemias habrían parecido un absurdo

पहले के सभी युगों में ये महामारियां एक बेतुकी लगती थीं

porque estas epidemias son las crisis comerciales de la sobreproducción

क्योंकि ये महामारियां अति-उत्पादन के वाणिज्यिक संकट हैं

De repente, la sociedad se encuentra de nuevo en un estado de barbarie momentánea

समाज अचानक खुद को क्षणिक बर्बरता की स्थिति में वापस पाता है

como si una guerra universal de devastación hubiera cortado todos los medios de subsistencia

मानो तबाही के एक सार्वभौमिक युद्ध ने निर्वाह के हर साधन को काट दिया हो

la industria y el comercio parecen haber sido destruidos; ¿Y por qué?

उद्योग और वाणिज्य नष्ट हो गए हैं; और क्यों?

Porque hay demasiada civilización y medios de subsistencia

क्योंकि बहुत अधिक सभ्यता और निर्वाह के साधन हैं

y porque hay demasiada industria y demasiado comercio

और क्योंकि बहुत अधिक उद्योग है, और बहुत अधिक वाणिज्य है

Las fuerzas productivas a disposición de la sociedad ya no desarrollan la propiedad burguesa

समाज के निपटान में उत्पादक शक्तियां अब पूंजीपति संपत्ति का विकास नहीं करती हैं

por el contrario, se han vuelto demasiado poderosos para estas condiciones, por las cuales están encadenados

इसके विपरीत, वे इन स्थितियों के लिए बहुत शक्तिशाली हो गए हैं, जिसके द्वारा वे बंधे हुए हैं

tan pronto como superan estas cadenas, traen el desorden a toda la sociedad burguesa

जैसे ही वे इन बेड़ियों पर काबू पा लेते हैं, वे पूरे बुर्जुआ समाज में अव्यवस्था ला देते हैं

y las fuerzas productivas ponen en peligro la existencia de la propiedad burguesa

और उत्पादक शक्तियाँ बुर्जुआ संपत्ति के अस्तित्व को खतरे में डालती हैं

Las condiciones de la sociedad burguesa son demasiado estrechas para abarcar la riqueza creada por ellas

बुर्जुआ समाज की स्थितियां इतनी संकीर्ण हैं कि उनके द्वारा बनाई गई संपत्ति को शामिल नहीं किया जा सकता है

¿Y cómo supera la burguesía estas crisis?

और पूंजीपति वर्ग इन संकटों से कैसे उबरता है?

Por un lado, supera estas crisis mediante la destrucción forzada de una masa de fuerzas productivas

एक ओर, यह उत्पादक शक्तियों के एक बड़े पैमाने पर लागू विनाश द्वारा इन संकटों पर काबू पाता है

por otro lado, supera estas crisis mediante la conquista de nuevos mercados

दूसरी ओर, यह नए बाजारों की विजय द्वारा इन संकटों पर काबू पाता है

y supera estas crisis mediante la explotación más completa de las viejas fuerzas productivas

और यह उत्पादन की पुरानी शक्तियों के अधिक गहन शोषण द्वारा इन संकटों पर काबू पाता है

Es decir, allanando el camino para crisis más extensas y destructivas

यह कहना है, अधिक व्यापक और अधिक विनाशकारी संकटों का मार्ग प्रशस्त करके

supera la crisis disminuyendo los medios para prevenir las crisis

यह उन साधनों को कम करके संकट पर काबू पाता है जिनसे संकटों को रोका जाता है

Las armas con las que la burguesía derribó el feudalismo se vuelven ahora contra sí misma

जिन हथियारों से पूंजीपति वर्ग ने सामंतवाद को जमीन पर गिरा दिया, वे अब अपने खिलाफ हो गए हैं

Pero la burguesía no sólo ha forjado las armas que le dan la muerte

लेकिन न केवल पूंजीपति वर्ग ने उन हथियारों को जाली बनाया है जो खुद को मौत लाते हैं

También ha llamado a la existencia a los hombres que han de empuñar esas armas

इसने उन लोगों को भी अस्तित्व में बुलाया है जिन्हें उन हथियारों को चलाना है

Y estos hombres son la clase obrera moderna; Son los proletarios

और ये लोग आधुनिक श्रमिक वर्ग हैं; वे सर्वहारा हैं

En la misma proporción en que se desarrolla la burguesía, en la misma proporción se desarrolla el proletariado

जिस अनुपात में पूंजीपति वर्ग विकसित होता है, उसी अनुपात में सर्वहारा वर्ग का विकास होता है

La clase obrera moderna desarrolló una clase de trabajadores

आधुनिक मजदूर वर्ग ने मजदूरों का एक वर्ग विकसित किया

Esta clase de obreros vive sólo mientras encuentran trabajo

मजदूरों का यह वर्ग तभी तक जीवित रहता है जब तक उसे काम मिलता है

y sólo encuentran trabajo mientras su trabajo aumenta el capital

और उन्हें तभी तक काम मिलता है जब तक उनके श्रम से पूंजी बढ़ती है

Estos obreros, que deben venderse a destajo, son una mercancía

ये मजदूर, जिन्हें खुद को टुकड़ों में बेचना पड़ता है, एक वस्तु हैं

Estos obreros son como cualquier otro artículo de comercio

ये मजदूर वाणिज्य के हर दूसरे लेख की तरह हैं

y, en consecuencia, están expuestos a todas las vicisitudes de la competencia

और परिणामस्वरूप वे प्रतिस्पर्धा के सभी उतार-चढ़ावों के संपर्क में आ जाते हैं

Tienen que capear todas las fluctuaciones del mercado

उन्हें बाजार के सभी उतार-चढ़ाव का सामना करना पड़ता है

Debido al uso extensivo de maquinaria y a la división del trabajo

मशीनरी के व्यापक उपयोग और श्रम विभाजन के कारण

El trabajo de los proletarios ha perdido todo carácter individual

सर्वहारा वर्ग के काम ने सभी व्यक्तिगत चरित्र खो दिए हैं

y, en consecuencia, el trabajo de los proletarios ha perdido todo encanto para el obrero

और परिणामस्वरूप, सर्वहारा वर्ग के काम ने काम करने वाले के लिए सभी आकर्षण खो दिए हैं

Se convierte en un apéndice de la máquina, en lugar del hombre que una vez fue

वह मशीन का एक उपांग बन जाता है, बजाय उस आदमी के जो वह एक बार था

Sólo se requiere de él la habilidad más simple, monótona y más fácil de adquirir

केवल सबसे सरल, नीरस और सबसे आसानी से अर्जित कौशल की आवश्यकता होती है

Por lo tanto, el costo de producción de un trabajador está restringido

इसलिए, एक कामगार के उत्पादन की लागत प्रतिबंधित है

se restringe casi por completo a los medios de subsistencia que necesita para su manutención

यह लगभग पूरी तरह से निर्वाह के साधनों तक ही सीमित है जो उसे अपने रखरखाव के लिए आवश्यक है

y se restringe a los medios de subsistencia que necesita para la propagación de su raza

और यह निर्वाह के साधनों तक ही सीमित है जो उसे अपनी जाति के प्रचार के लिए आवश्यक है

Pero el precio de una mercancía, y por lo tanto también del trabajo, es igual a su costo de producción

लेकिन एक वस्तु की कीमत, और इसलिए श्रम की भी, उत्पादन की लागत के बराबर है

Por lo tanto, a medida que aumenta la repulsividad del trabajo, disminuye el salario

अतः जिस अनुपात में कार्य की प्रतिकर्षण बढ़ती है, मजदूरी घटती जाती है

Es más, la repulsión de su obra aumenta a un ritmo aún mayor

नहीं, उसके काम की प्रतिकर्षण और भी अधिक दर से बढ़ जाती है

A medida que aumenta el uso de maquinaria y la división del trabajo, también lo hace la carga del trabajo

जैसे-जैसे मशीनरी का उपयोग और श्रम विभाजन बढ़ता है, वैसे-वैसे परिश्रम का बोझ भी बढ़ता जाता है

La carga del trabajo se incrementa con la prolongación de las horas de trabajo

काम के घंटों को लम्बा करने से परिश्रम का बोझ बढ़ जाता है

Se espera más del obrero en el mismo tiempo que antes

पहले की तरह ही समय में मजदूर से अधिक की उम्मीद है

Y, por supuesto, la carga del trabajo aumenta por la velocidad de la maquinaria

और निश्चित रूप से मशीनरी की गति से परिश्रम का बोझ बढ़ जाता है

La industria moderna ha convertido el pequeño taller del amo patriarcal en la gran fábrica del capitalista industrial

आधुनिक उद्योग ने पितृसत्तात्मक मालिक की छोटी कार्यशाला को औद्योगिक पूंजीपति के महान कारखाने में बदल दिया है

Las masas de obreros, hacinados en la fábrica, están organizadas como soldados

कारखाने में मजदूरों की भीड़, सैनिकों की तरह संगठित होती है

Como soldados rasos del ejército industrial están bajo el mando de una jerarquía perfecta de oficiales y sargentos

औद्योगिक सेना के निजी के रूप में उन्हें अधिकारियों और सार्जेंटों के एक पूर्ण पदानुक्रम की कमान के तहत रखा गया है

no sólo son esclavos de la burguesía y del Estado

वे न केवल बुर्जुआ वर्ग और राज्य के गुलाम हैं

pero también son esclavizados diariamente y cada hora por la máquina

लेकिन वे मशीन द्वारा दैनिक और प्रति घंटा गुलाम भी हैं

están esclavizados por el vigilante y, sobre todo, por el propio fabricante burgués

वे ओवर-लुकर द्वारा गुलाम हैं, और सबसे बढ़कर, व्यक्तिगत पूंजीपति निर्माता द्वारा स्वयं।

Cuanto más abiertamente proclama este despotismo que la ganancia es su fin y su fin, tanto más mezquino, más odioso y más amargo es

जितना अधिक खुले तौर पर यह निरंकुशता लाभ को अपना अंत और उद्देश्य घोषित करती है, उतना ही क्षुद्र, अधिक घृणित और अधिक कटु होता है

Cuanto más se desarrolla la industria moderna, menores son las diferencias entre los sexos

जितना अधिक आधुनिक उद्योग विकसित होता है, लिंगों के बीच अंतर उतना ही कम होता है

Cuanto menor es la habilidad y el ejercicio de la fuerza
implícitos en el trabajo manual, tanto más el trabajo de los
hombres es reemplazado por el de las mujeres

शारीरिक श्रम में निहित कौशल और शक्ति का परिश्रम जितना कम होता है,
उतना ही अधिक पुरुषों का श्रम महिलाओं द्वारा प्रतिस्थापित किया जाता है

Las diferencias de edad y sexo ya no tienen ninguna validez
social distintiva para la clase obrera

उम्र और लिंग के अंतर अब श्रमिक वर्ग के लिए कोई विशिष्ट सामाजिक
वैधता नहीं है

Todos son instrumentos de trabajo, más o menos costosos de
usar, según su edad y sexo

सभी श्रम के साधन हैं, उनकी उम्र और लिंग के अनुसार उपयोग करने के
लिए कम या ज्यादा खर्चीला

tan pronto como el obrero recibe su salario en efectivo, es
atacado por las otras partes de la burguesía

जैसे ही मजदूर नकद में अपनी मजदूरी प्राप्त करता है, वह पूंजीपति वर्ग के
अन्य हिस्सों द्वारा निर्धारित किया जाता है

el propietario, el tendero, el prestamista, etc

मकान मालिक, दुकानदार, साहूकार, आदि

Los estratos más bajos de la clase media; los pequeños
comerciantes y tenderos

मध्यम वर्ग के निचले तबके; छोटे व्यापारी लोग और दुकानदार

los comerciantes jubilados en general, y los artesanos y
campesinos

आम तौर पर सेवानिवृत्त व्यापारी, और हस्तशिल्पी और किसान

todo esto se hunde poco a poco en el proletariado

ये सभी धीरे-धीरे सर्वहारा वर्ग में डूब जाते हैं

en parte porque su minúsculo capital no basta para la escala
en que se desarrolla la industria moderna

आंशिक रूप से क्योंकि उनकी कम पूंजी उस पैमाने के लिए पर्याप्त नहीं है
जिस पर आधुनिक उद्योग चलाया जाता है

y porque está inundada en la competencia con los grandes
capitalistas

और क्योंकि यह बड़े पूंजीपतियों के साथ प्रतिस्पर्धा में दलदल में है

en parte porque sus habilidades especializadas se vuelven
inútiles por los nuevos métodos de producción

आंशिक रूप से क्योंकि उत्पादन के नए तरीकों से उनके विशेष कौशल को बेकार कर दिया जाता है

De este modo, el proletariado es reclutado entre todas las clases de la población

इस प्रकार सर्वहारा वर्ग को आबादी के सभी वर्गों से भर्ती किया जाता है

El proletariado pasa por varias etapas de desarrollo

सर्वहारा वर्ग विकास के विभिन्न चरणों से गुजरता है

Con su nacimiento comienza su lucha con la burguesía

इसके जन्म के साथ पूंजीपति वर्ग के साथ इसका संघर्ष शुरू होता है

Al principio, la contienda es llevada a cabo por trabajadores individuales

सबसे पहले प्रतियोगिता व्यक्तिगत मजदूरों द्वारा की जाती है

Entonces el concurso es llevado a cabo por los obreros de una fábrica

फिर प्रतियोगिता एक कारखाने के श्रमिकों द्वारा की जाती है

Entonces la contienda es llevada a cabo por los operarios de un oficio, en una localidad

फिर प्रतियोगिता एक इलाके में एक व्यापार के गुर्गों द्वारा की जाती है

y la contienda es entonces contra la burguesía individual que los explota directamente

और प्रतियोगिता तब व्यक्तिगत पूंजीपति वर्ग के खिलाफ होती है जो सीधे उनका शोषण करता है

No dirigen sus ataques contra las condiciones de producción de la burguesía

वे अपने हमलों को उत्पादन की बुर्जुआ परिस्थितियों के खिलाफ निर्देशित नहीं करते हैं

pero dirigen su ataque contra los propios instrumentos de producción

लेकिन वे उत्पादन के साधनों के खिलाफ अपने हमले को निर्देशित करते हैं

destruyen mercancías importadas que compiten con su mano de obra

वे आयातित माल को नष्ट कर देते हैं जो उनके श्रम के साथ प्रतिस्पर्धा करते हैं

Hacen pedazos la maquinaria y prenden fuego a las fábricas

वे मशीनरी को टुकड़े-टुकड़े कर देते हैं और कारखानों में आग लगा देते हैं

tratan de restaurar por la fuerza el estado desaparecido del obrero de la Edad Media

वे मध्य युग के कामगार की लुप्त स्थिति को बलपूर्वक बहाल करना चाहते हैं

En esta etapa, los obreros forman todavía una masa incoherente dispersa por todo el país

इस स्तर पर मजदूर अभी भी पूरे देश में बिखरे हुए एक असंगत द्रव्यमान का निर्माण करते हैं

y se rompen por su mutua competencia

और वे अपनी आपसी प्रतिस्पर्धा से टूट गए हैं

Si en alguna parte se unen para formar cuerpos más compactos, esto no es todavía la consecuencia de su propia unión activa

यदि कहीं भी वे अधिक कॉम्पैक्ट निकाय बनाने के लिए एकजुट होते हैं, तो यह अभी तक उनके स्वयं के सक्रिय संघ का परिणाम नहीं है

pero es una consecuencia de la unión de la burguesía, para alcanzar sus propios fines políticos

लेकिन यह पूंजीपति वर्ग के मिलन का परिणाम है, अपने स्वयं के राजनीतिक सिरों को प्राप्त करने के लिए

la burguesía se ve obligada a poner en movimiento a todo el proletariado

पूंजीपति वर्ग पूरे सर्वहारा वर्ग को गति में स्थापित करने के लिए मजबूर है

y además, por un momento, la burguesía es capaz de hacerlo

और इसके अलावा, कुछ समय के लिए, पूंजीपति वर्ग ऐसा करने में सक्षम है

Por lo tanto, en esta etapa, los proletarios no luchan contra sus enemigos

इसलिए, इस स्तर पर, सर्वहारा अपने दुश्मनों से नहीं लड़ता है

sino que están luchando contra los enemigos de sus enemigos

लेकिन इसके बजाय वे अपने दुश्मनों के दुश्मनों से लड़ रहे हैं

la lucha contra los restos de la monarquía absoluta y los terratenientes

पूर्ण राजशाही और भूस्वामियों के अवशेषों से लड़ाई

luchan contra la burguesía no industrial; la pequeña burguesía

वे गैर-औद्योगिक पूंजीपति वर्ग से लड़ते हैं; क्षुद्र पूंजीपति वर्ग

De este modo, todo el movimiento histórico se concentra en manos de la burguesía

इस प्रकार पूरा ऐतिहासिक आंदोलन पूंजीपति वर्ग के हाथों में केंद्रित है

cada victoria así obtenida es una victoria para la burguesía

इस प्रकार प्राप्त हर जीत पूंजीपति वर्ग की जीत है

Pero con el desarrollo de la industria, el proletariado no sólo aumenta en número

लेकिन उद्योग के विकास के साथ सर्वहारा न केवल संख्या में वृद्धि करता है

el proletariado se concentra en grandes masas y su fuerza crece

सर्वहारा अधिक से अधिक जनसमूह में केंद्रित हो जाता है और उसकी ताकत बढ़ती है

y el proletariado siente cada vez más esa fuerza

और सर्वहारा उस ताकत को अधिक से अधिक महसूस करता है

Los diversos intereses y condiciones de vida en las filas del proletariado se igualan cada vez más

सर्वहारा वर्ग के रैंकों के भीतर जीवन के विभिन्न हित और स्थितियां अधिक से अधिक समान हैं

se vuelven más proporcionales a medida que la maquinaria borra todas las distinciones de trabajo

वे अनुपात में अधिक हो जाते हैं क्योंकि मशीनरी श्रम के सभी भेदों को मिटा देती है

y la maquinaria reduce los salarios al mismo nivel bajo en casi todas partes

और मशीनरी लगभग हर जगह मजदूरी को समान निम्न स्तर तक कम कर देती है

La creciente competencia entre la burguesía, y las crisis comerciales resultantes, hacen que los salarios de los obreros sean cada vez más fluctuantes

पूंजीपति वर्ग के बीच बढ़ती प्रतिस्पर्धा, और परिणामस्वरूप वाणिज्यिक संकट, श्रमिकों की मजदूरी को और अधिक उतार-चढ़ाव बनाते हैं

La mejora incesante de la maquinaria, que se desarrolla cada vez más rápidamente, hace que sus medios de vida sean cada vez más precarios

मशीनरी का निरंतर सुधार, कभी अधिक तेजी से विकसित हो रहा है, उनकी आजीविका को अधिक से अधिक अनिश्चित बना देता है

los choques entre obreros individuales y burgueses individuales toman cada vez más el carácter de choques entre dos clases

व्यक्तिगत श्रमिकों और व्यक्तिगत पूंजीपति वर्ग के बीच टकराव दो वर्गों के बीच टकराव के चरित्र को अधिक से अधिक लेते हैं

A partir de ese momento, los obreros comienzan a formar uniones (sindicatos) contra la burguesía

इसके बाद मजदूर पूंजीपति वर्ग के खिलाफ संयोजन (ट्रेड यूनियन) बनाने लगते हैं

se agrupan para mantener el ritmo de los salarios

मजदूरी की दर को बनाए रखने के लिए वे एक साथ क्लब करते हैं

Fundaron asociaciones permanentes para hacer frente de antemano a estas revueltas ocasionales

इन सामयिक विद्रोहों के लिए पहले से प्रावधान करने के लिए उन्हें स्थायी संघ मिले

Aquí y allá la contienda estalla en disturbios

इधर-उधर की प्रतियोगिता दंगों में बदल जाती है

De vez en cuando los obreros salen victoriosos, pero sólo por un tiempo

अब और फिर कार्यकर्ता विजयी होते हैं, लेकिन केवल कुछ समय के लिए

El verdadero fruto de sus batallas no reside en el resultado inmediato, sino en la unión cada vez mayor de los trabajadores

उनकी लड़ाइयों का असली फल तात्कालिक परिणाम में नहीं, बल्कि मज़दूरों की लगातार बढ़ती यूनियन में है

Esta unión se ve favorecida por la mejora de los medios de comunicación creados por la industria moderna

इस संघ को आधुनिक उद्योग द्वारा बनाए गए संचार के बेहतर साधनों द्वारा मदद की जाती है

La comunicación moderna pone en contacto a los trabajadores de diferentes localidades

आधुनिक संचार विभिन्न इलाकों के श्रमिकों को एक दूसरे के संपर्क में रखता है

Era precisamente este contacto el que se necesitaba para centralizar las numerosas luchas locales en una lucha nacional entre clases

यह सिर्फ वह संपर्क था जो कई स्थानीय संघर्षों को वर्गों के बीच एक राष्ट्रीय संघर्ष में केंद्रीकृत करने के लिए आवश्यक था

Todas estas luchas tienen el mismo carácter, y toda lucha de clases es una lucha política

ये सभी संघर्ष एक ही चरित्र के हैं, और हर वर्ग संघर्ष एक राजनीतिक संघर्ष है

los burgueses de la Edad Media, con sus miserables carreteras, necesitaron siglos para formar sus uniones

मध्य युग के बर्गर, अपने दयनीय राजमार्गों के साथ, अपनी यूनियनों को बनाने के लिए सदियों की आवश्यकता थी

Los proletarios modernos, gracias a los ferrocarriles, logran sus sindicatos en pocos años

आधुनिक सर्वहारा, रेलवे के लिए धन्यवाद, कुछ वर्षों के भीतर अपनी यूनियनों को प्राप्त करते हैं

Esta organización de los proletarios en una clase los formó, por consiguiente, en un partido político

सर्वहारा वर्ग को एक वर्ग में बँटाने के इस संगठन ने फलस्वरूप उन्हें एक राजनीतिक दल बना दिया

La clase política se ve continuamente molesta por la competencia entre los propios trabajadores

खुद मजदूरों के बीच होड़ से राजनीतिक वर्ग लगातार परेशान हो रहा है

Pero la clase política sigue levantándose de nuevo, más fuerte, más firme, más poderosa

लेकिन राजनीतिक वर्ग फिर से ऊपर उठना जारी रखता है, मजबूत, दृढ़, शक्तिशाली

Obliga al reconocimiento legislativo de los intereses particulares de los trabajadores

यह श्रमिकों के विशेष हितों की विधायी मान्यता को मजबूर करता है

lo hace aprovechándose de las divisiones en el seno de la propia burguesía

यह पूंजीपति वर्ग के बीच विभाजन का लाभ उठाकर ऐसा करता है

De este modo, el proyecto de ley de las diez horas en Inglaterra se convirtió en ley

इस प्रकार इंग्लैंड में दस घंटे के बिल को कानून में डाल दिया गया

en muchos sentidos, las colisiones entre las clases de la vieja sociedad son, además, el curso del desarrollo del proletariado

कई मायनों में पुराने समाज के वर्गों के बीच टकराव सर्वहारा वर्ग के विकास का पाठ्यक्रम है

La burguesía se ve envuelta en una batalla constante

पूंजीपति वर्ग खुद को एक निरंतर लड़ाई में शामिल पाता है

Al principio se verá envuelto en una batalla constante con la aristocracia

सबसे पहले यह खुद को अभिजात वर्ग के साथ निरंतर लड़ाई में शामिल पाएगा

más tarde se verá envuelta en una batalla constante con esas partes de la propia burguesía

बाद में यह खुद को पूंजीपति वर्ग के उन हिस्सों के साथ निरंतर लड़ाई में शामिल पाएगा

y sus intereses se habrán vuelto antagónicos al progreso de la industria

और उनके हित उद्योग की प्रगति के विरोधी हो गए होंगे

en todo momento, sus intereses se habrán vuelto antagónicos con la burguesía de los países extranjeros

हर समय, उनके हित विदेशी देशों के पूंजीपति वर्ग के साथ विरोधी हो गए होंगे

En todas estas batallas se ve obligado a apelar al proletariado y pide su ayuda

इन सभी लड़ाइयों में यह खुद को सर्वहारा वर्ग से अपील करने के लिए मजबूर देखता है, और उसकी मदद मांगता है

y, por lo tanto, se sentirá obligado a arrastrarlo a la arena política

और इस प्रकार, यह इसे राजनीतिक क्षेत्र में घसीटने के लिए मजबूर महसूस करेगा

La burguesía misma, por lo tanto, suministra al proletariado sus propios instrumentos de educación política y general

इसलिए, पूंजीपति वर्ग स्वयं सर्वहारा वर्ग को राजनीतिक और सामान्य शिक्षा के अपने उपकरणों की आपूर्ति करता है

en otras palabras, suministra al proletariado armas para luchar contra la burguesía

दूसरे शब्दों में, यह पूंजीपति वर्ग से लड़ने के लिए सर्वहारा वर्ग को हथियारों के साथ प्रस्तुत करता है

Además, como ya hemos visto, sectores enteros de las clases dominantes se precipitan en el proletariado

इसके अलावा, जैसा कि हम पहले ही देख चुके हैं, शासक वर्गों के पूरे हिस्से सर्वहारा वर्ग में अवक्षेपित हैं

el avance de la industria los absorbe en el proletariado

उद्योग की उन्नति उन्हें सर्वहारा वर्ग में चूस लेती है

o, al menos, están amenazados en sus condiciones de existencia

या, कम से कम, उन्हें उनके अस्तित्व की स्थितियों में धमकी दी जाती है
Estos también suministran al proletariado nuevos elementos de ilustración y progreso
ये सर्वहारा वर्ग को ज्ञान और प्रगति के नए तत्वों की आपूर्ति भी करते हैं
Finalmente, en momentos en que la lucha de clases se acerca a la hora decisiva
अंत में, ऐसे समय में जब वर्ग संघर्ष निर्णायक घंटे के करीब होता है
el proceso de disolución que se está llevando a cabo en el seno de la clase dominante
शासक वर्ग के भीतर चल रही विघटन की प्रक्रिया
De hecho, la disolución que se está produciendo en el seno de la clase dominante se sentirá en toda la sociedad
वास्तव में, शासक वर्ग के भीतर चल रहे विघटन को समाज के पूरे दायरे में महसूस किया जाएगा
Tomará un carácter tan violento y deslumbrante, que un pequeño sector de la clase dominante se quedará a la deriva
यह इतना हिंसक, चकाचौंध भरा चरित्र धारण कर लेगा कि शासक वर्ग का एक छोटा सा हिस्सा खुद को भटका देगा
y esa clase dominante se unirá a la clase revolucionaria
और वह शासक वर्ग क्रांतिकारी वर्ग में शामिल हो जाएगा
La clase revolucionaria es la clase que tiene el futuro en sus manos
क्रांतिकारी वर्ग वह वर्ग है जो भविष्य को अपने हाथों में रखता है
Al igual que en un período anterior, una parte de la nobleza se pasó a la burguesía
ठीक पहले की अवधि की तरह, बड़प्पन का एक वर्ग पूंजीपति वर्ग के पास चला गया
de la misma manera que una parte de la burguesía se pasará al proletariado
उसी तरह पूंजीपति वर्ग का एक हिस्सा सर्वहारा वर्ग के पास चला जाएगा
en particular, una parte de la burguesía pasará a una parte de los ideólogos de la burguesía
विशेष रूप से, पूंजीपति वर्ग का एक हिस्सा बुर्जुआ विचारकों के एक हिस्से में चला जाएगा

Ideólogos burgueses que se han elevado al nivel de comprender teóricamente el movimiento histórico en su conjunto

बुर्जुआ विचारक जिन्होंने खुद को सैद्धांतिक रूप से ऐतिहासिक आंदोलन को समग्र रूप से समझने के स्तर तक उठाया है

De todas las clases que hoy se encuentran frente a frente con la burguesía, sólo el proletariado es una clase realmente revolucionaria

आज बुर्जुआ वर्ग के साथ आमने-सामने खड़े सभी वर्गों में से, अकेले सर्वहारा वर्ग वास्तव में एक क्रांतिकारी वर्ग है

Las otras clases decaen y finalmente desaparecen frente a la industria moderna

अन्य वर्ग आधुनिक उद्योग के सामने क्षय हो जाते हैं और अंततः गायब हो जाते हैं

el proletariado es su producto especial y esencial

सर्वहारा उसका विशेष और आवश्यक उत्पाद है

La clase media baja, el pequeño fabricante, el tendero, el artesano, el campesino

निम्न मध्यम वर्ग, छोटा निर्माता, दुकानदार, कारीगर, किसान

todos ellos luchan contra la burguesía

ये सभी पूंजीपति वर्ग के खिलाफ लड़ते हैं

Luchan como fracciones de la clase media para salvarse de la extinción

वे खुद को विलुप्त होने से बचाने के लिए मध्यम वर्ग के अंश के रूप में लड़ते हैं

Por lo tanto, no son revolucionarios, sino conservadores

इसलिए वे क्रांतिकारी नहीं हैं, लेकिन रूढ़िवादी हैं

Más aún, son reaccionarios, porque tratan de hacer retroceder la rueda de la historia

और नहीं, वे प्रतिक्रियावादी हैं, क्योंकि वे इतिहास के पहिये को पीछे घुमाने की कोशिश करते हैं

Si por casualidad son revolucionarios, lo son sólo en vista de su inminente transferencia al proletariado

यदि संयोग से वे क्रांतिकारी हैं, तो वे केवल सर्वहारा वर्ग में उनके आसन्न स्थानांतरण को देखते हुए हैं

Por lo tanto, no defienden sus intereses presentes, sino sus intereses futuros

इस प्रकार वे अपने वर्तमान की नहीं, बल्कि अपने भविष्य के हितों की रक्षा करते हैं

abandonan su propio punto de vista para situarse en el del proletariado

वे सर्वहारा वर्ग के उस पर खुद को रखने के लिए अपने स्वयं के दृष्टिकोण को छोड़ देते हैं

La "clase peligrosa", la escoria social, esa masa pasivamente putrefacta arrojada por las capas más bajas de la vieja sociedad

"खतरनाक वर्ग," सामाजिक मैल, जो पुराने समाज की सबसे निचली परतों द्वारा फेंके गए निष्क्रिय रूप से सड़ते हुए द्रव्यमान को फेंक देता है

pueden, aquí y allá, ser arrastrados al movimiento por una revolución proletaria

वे यहां-वहां सर्वहारा क्रांति से आंदोलन में बह सकते हैं

Sus condiciones de vida, sin embargo, la preparan mucho más para el papel de un instrumento sobornado de la intriga reaccionaria

जीवन की अपनी स्थितियों, तथापि, प्रतिक्रियावादी साज़िश का एक रिश्वत उपकरण के हिस्से के लिए कहीं अधिक यह तैयार

En las condiciones del proletariado, los de la vieja sociedad en general están ya virtualmente desbordados

सर्वहारा वर्ग की स्थितियों में, बड़े पैमाने पर पुराने समाज के लोग पहले से ही लगभग दलदल में हैं

El proletario carece de propiedad

सर्वहारा संपत्ति के बिना है

su relación con su mujer y sus hijos ya no tiene nada en común con las relaciones familiares de la burguesía

अपनी पत्नी और बच्चों के साथ उनके संबंध में अब पूंजीपति वर्ग के पारिवारिक संबंधों के साथ कुछ भी सामान्य नहीं है

el trabajo industrial moderno, el sometimiento moderno al capital, lo mismo en Inglaterra que en Francia, en Estados Unidos como en Alemania

आधुनिक औद्योगिक श्रम, पूंजी की आधुनिक अधीनता, इंग्लैंड में फ्रांस के समान, अमेरिका में जर्मनी के रूप में

Su condición en la sociedad lo ha despojado de todo rastro de carácter nacional

समाज में उनकी स्थिति ने उन्हें राष्ट्रीय चरित्र के हर निशान से छीन लिया है

El derecho, la moral, la religión, son para él otros tantos prejuicios burgueses

कानून, नैतिकता, धर्म, उसके लिए इतने सारे बुर्जुआ पूर्वाग्रह हैं

y detrás de estos prejuicios acechan emboscados otros tantos intereses burgueses

और इन पूर्वाग्रहों के पीछे घात में दुबके हुए हैं जैसे कि कई बुर्जुआ हित

Todas las clases precedentes que se impusieron trataron de fortalecer su estatus ya adquirido

सभी पूर्ववर्ती वर्गों ने ऊपरी हाथ प्राप्त किया, अपनी पहले से ही अर्जित स्थिति को मजबूत करने की मांग की

Lo hicieron sometiendo a la sociedad en general a sus condiciones de apropiación

उन्होंने बड़े पैमाने पर समाज को विनियोग की अपनी शर्तों के अधीन करके ऐसा किया

Los proletarios no pueden llegar a ser dueños de las fuerzas productivas de la sociedad

सर्वहारा वर्ग समाज की उत्पादक शक्तियों का स्वामी नहीं बन सकता

sólo puede hacerlo aboliendo su propio modo anterior de apropiación

यह केवल विनियोग के अपने पिछले मोड को समाप्त करके ऐसा कर सकता है

y, por lo tanto, también suprime cualquier otro modo anterior de apropiación

और इस तरह यह विनियोग के हर दूसरे पिछले मोड को भी समाप्त कर देता है

No tienen nada propio que asegurar y fortificar

उनके पास सुरक्षित करने और मजबूत करने के लिए अपना कुछ भी नहीं है

Su misión es destruir todos los valores y seguros anteriores de la propiedad individual

उनका मिशन व्यक्तिगत संपत्ति के लिए सभी पिछली प्रतिभूतियों और बीमा को नष्ट करना है

Todos los movimientos históricos anteriores fueron movimientos de minorías

पिछले सभी ऐतिहासिक आंदोलन अल्पसंख्यकों के आंदोलन थे

o eran movimientos en interés de las minorías

या वे अल्पसंख्यकों के हित में आंदोलन थे

El movimiento proletario es el movimiento consciente e independiente de la inmensa mayoría

सर्वहारा आंदोलन विशाल बहुमत का आत्म-जागरूक, स्वतंत्र आंदोलन है

Y es un movimiento en interés de la inmensa mayoría

और यह विशाल बहुमत के हितों में एक आंदोलन है

El proletariado, el estrato más bajo de nuestra sociedad actual

सर्वहारा वर्ग, हमारे वर्तमान समाज का सबसे निचला स्तर

no puede agitarse ni elevarse sin que todos los estratos superiores de la sociedad oficial salgan al aire

यह आधिकारिक समाज के पूरे अधीक्षण स्तर को हवा में उछाले बिना खुद को हिला या उठा नहीं सकता है

Aunque no en el fondo, sí en la forma, la lucha del proletariado con la burguesía es, al principio, una lucha nacional

हालांकि सार में नहीं, फिर भी रूप में, पूंजीपति वर्ग के साथ सर्वहारा वर्ग का संघर्ष पहले एक राष्ट्रीय संघर्ष है

El proletariado de cada país debe, por supuesto, en primer lugar arreglar las cosas con su propia burguesía

प्रत्येक देश के सर्वहारा वर्ग को, निश्चित रूप से, सबसे पहले, अपने स्वयं के पूंजीपति वर्ग के साथ मामलों का निपटारा करना चाहिए

Al describir las fases más generales del desarrollo del proletariado, hemos trazado la guerra civil más o menos velada

सर्वहारा वर्ग के विकास के सबसे सामान्य चरणों का चित्रण करने में, हमने कमोबेश घूंघट वाले गृहयुद्ध का पता लगाया

Este civil está haciendo estragos dentro de la sociedad existente

यह नागरिक मौजूदा समाज के भीतर उग्र है

Se enfurecerá hasta el punto en que esa guerra estalle en una revolución abierta

यह उस बिंदु तक बढ़ जाएगा जहां वह युद्ध खुली क्रांति में टूट जाता है

y luego el derrocamiento violento de la burguesía sienta las bases para el dominio del proletariado

और फिर पूंजीपति वर्ग का हिंसक तख्तापलट सर्वहारा वर्ग के बोलबाला की नींव रखता है

Hasta ahora, todas las formas de sociedad se han basado,
como ya hemos visto, en el antagonismo de las clases
opresoras y oprimidas

अब तक, समाज का हर रूप, जैसा कि हम पहले ही देख चुके हैं, उत्पीड़ित
और उत्पीड़ित वर्गों के विरोध पर आधारित रहा है

Pero para oprimir a una clase, hay que asegurarle ciertas
condiciones

लेकिन एक वर्ग पर अत्याचार करने के लिए, कुछ शर्तों का आश्वासन दिया
जाना चाहिए

La clase debe ser mantenida en condiciones en las que
pueda, por lo menos, continuar su existencia servil

वर्ग को उन परिस्थितियों में रखा जाना चाहिए जिनमें वह कम से कम अपने
दासतापूर्ण अस्तित्व को जारी रख सके

El siervo, en el período de la servidumbre, se elevaba a la
comuna

सर्फ़, सर्फ़डम की अवधि में, खुद को कम्यून में सदस्यता के लिए उठाया

del mismo modo que la pequeña burguesía, bajo el yugo del
absolutismo feudal, logró convertirse en burguesía

जिस तरह सामंती निरंकुशता के जुए के नीचे क्षुद्र पूंजीपति वर्ग एक बुर्जुआ
के रूप में विकसित होने में कामयाब रहा

El obrero moderno, por el contrario, en lugar de elevarse con
el progreso de la industria, se hunde cada vez más

आधुनिक मजदूर, इसके विपरीत, उद्योग की प्रगति के साथ बढ़ने के बजाय,
गहरे और गहरे डूबते हैं

se hunde por debajo de las condiciones de existencia de su
propia clase

वह अपने ही वर्ग के अस्तित्व की शर्तों से नीचे डूब जाता है

Se convierte en un indigente, y el pauperismo se desarrolla
más rápidamente que la población y la riqueza

वह एक कंगाल बन जाता है, और जनसंख्या और धन की तुलना में कंगाली
अधिक तेजी से विकसित होती है

Y aquí se hace evidente que la burguesía ya no es apta para
ser la clase dominante de la sociedad

और यहाँ यह स्पष्ट हो जाता है, कि पूंजीपति वर्ग अब समाज में शासक वर्ग
होने के लिए अयोग्य है

y no es apta para imponer sus condiciones de existencia a la
sociedad como una ley imperativa

और यह एक ओवर-राइडिंग कानून के रूप में समाज पर अपने अस्तित्व की
शर्तों को लागू करने के लिए अयोग्य है

Es incapaz de gobernar porque es incapaz de asegurar una
existencia a su esclavo dentro de su esclavitud

यह शासन करने के लिए अयोग्य है क्योंकि यह अपनी गुलामी के भीतर
अपने दास को अस्तित्व का आश्वासन देने में असमर्थ है

porque no puede evitar dejarlo hundirse en tal estado, que
tiene que alimentarlo, en lugar de ser alimentado por él

क्योंकि यह उसे ऐसी स्थिति में डूबने में मदद नहीं कर सकता है, कि उसे
उसके द्वारा खिलाए जाने के बजाय उसे खिलाना पड़े

La sociedad ya no puede vivir bajo esta burguesía

समाज अब इस पूंजीपति वर्ग के अधीन नहीं रह सकता

En otras palabras, su existencia ya no es compatible con la
sociedad

दूसरे शब्दों में, इसका अस्तित्व अब समाज के अनुकूल नहीं है

La condición esencial para la existencia y el dominio de la
burguesía es la formación y el aumento del capital

अस्तित्व के लिए और बुर्जुआ वर्ग के प्रभुत्व के लिए आवश्यक शर्त, पूंजी का
गठन और वृद्धि है

La condición del capital es el trabajo asalariado

पूंजी के लिए शर्त मजदूरी-श्रम है

El trabajo asalariado se basa exclusivamente en la
competencia entre los trabajadores

मजदूरी-श्रम विशेष रूप से मजदूरों के बीच प्रतिस्पर्धा पर टिका हुआ है

El avance de la industria, cuyo promotor involuntario es la
burguesía, sustituye al aislamiento de los obreros

उद्योग की उन्नति, जिसका अनैच्छिक प्रवर्तक पूंजीपति वर्ग है, मजदूरों के
अलगाव की जगह लेता है

por la competencia, por su combinación revolucionaria, por
la asociación

प्रतिस्पर्धा के कारण, उनके क्रांतिकारी संयोजन के कारण, संघ के कारण

El desarrollo de la industria moderna corta bajo sus pies los
cimientos mismos sobre los cuales la burguesía produce y se
apropia de los productos

आधुनिक उद्योग का विकास उसके पैरों के नीचे से उस नींव को काटता है जिस पर पूंजीपति वर्ग उत्पादों का उत्पादन और विनियोजन करता है

Lo que la burguesía produce, sobre todo, son sus propios sepultureros

पूंजीपति वर्ग जो पैदा करता है, सबसे बढ़कर, वह है अपनी कब्र खोदने वाले

La caída de la burguesía y la victoria del proletariado son igualmente inevitables

पूंजीपति वर्ग का पतन और सर्वहारा वर्ग की जीत समान रूप से अपरिहार्य हैं

Proletarios y comunistas
सर्वहारा और कम्युनिस्ट

¿Qué relación tienen los comunistas con el conjunto de los proletarios?

कम्युनिस्टों का सर्वहारा वर्ग से क्या संबंध है?

Los comunistas no forman un partido separado opuesto a otros partidos de la clase obrera

कम्युनिस्ट अन्य मजदूर वर्ग की पार्टियों के विरोध में एक अलग पार्टी नहीं बनाते हैं

No tienen intereses separados y aparte de los del proletariado en su conjunto

उनका कोई अलग और समग्र रूप से सर्वहारा वर्ग से अलग कोई हित नहीं है

No establecen ningún principio sectario propio, con el cual dar forma y moldear el movimiento proletario

वे अपना कोई सांप्रदायिक सिद्धांत स्थापित नहीं करते हैं, जिसके द्वारा सर्वहारा आंदोलन को आकार दिया जाए और ढाला जाए

Los comunistas se distinguen de los demás partidos obreros sólo por dos cosas

कम्युनिस्टों को अन्य मजदूर वर्ग की पार्टियों से केवल दो चीजों से अलग किया जाता है

En primer lugar, señalan y ponen en primer plano los intereses comunes de todo el proletariado, independientemente de toda nacionalidad

सबसे पहले, वे सभी राष्ट्रीयताओं से स्वतंत्र रूप से पूरे सर्वहारा वर्ग के सामान्य हितों को इंगित करते हैं और सामने लाते हैं

Esto lo hacen en las luchas nacionales de los proletarios de los diferentes países

यह वे विभिन्न देशों के सर्वहारा वर्ग के राष्ट्रीय संघर्षों में करते हैं

En segundo lugar, siempre y en todas partes representan los intereses del movimiento en su conjunto

दूसरे, वे हमेशा और हर जगह समग्र रूप से आंदोलन के हितों का प्रतिनिधित्व करते हैं

esto lo hacen en las diversas etapas de desarrollo por las que tiene que pasar la lucha de la clase obrera contra la burguesía

यह वे विकास के विभिन्न चरणों में करते हैं, जिससे पूंजीपति वर्ग के खिलाफ मज़दूर वर्ग के संघर्ष को गुजरना पड़ता है

Los comunistas son, por lo tanto, por una parte, prácticamente, el sector más avanzado y resuelto de los partidos obreros de todos los países

इसलिए, एक तरफ, व्यावहारिक रूप से, कम्युनिस्ट हर देश की मज़दूर वर्ग की पार्टियों का सबसे उन्नत और दृढ़ हिस्सा हैं

Son ese sector de la clase obrera que empuja hacia adelante a todos los demás

वे मजदूर वर्ग का वह हिस्सा हैं जो अन्य सभी को आगे बढ़ाता है

Teóricamente, también tienen la ventaja de entender claramente la línea de marcha

सैद्धांतिक रूप से, उन्हें मार्च की रेखा को स्पष्ट रूप से समझने का लाभ भी है

Esto lo comprenden mejor comparado con la gran masa del proletariado

सर्वहारा वर्ग के महान जन की तुलना में वे इसे बेहतर समझते हैं

Comprenden las condiciones y los resultados generales finales del movimiento proletario

वे सर्वहारा आंदोलन की स्थितियों और अंतिम सामान्य परिणामों को समझते हैं

El objetivo inmediato del comunista es el mismo que el de todos los demás partidos proletarios

कम्युनिस्टों का तात्कालिक उद्देश्य वही है जो अन्य सभी सर्वहारा पार्टियों का है

Su objetivo es la formación del proletariado en una clase

उनका उद्देश्य सर्वहारा वर्ग को एक वर्ग में बनाना है

su objetivo es derrocar la supremacía burguesa

उनका उद्देश्य पूंजीपति वर्ग के वर्चस्व को उखाड़ फेंकना है

la lucha por la conquista del poder político por el proletariado

सर्वहारा वर्ग द्वारा राजनीतिक सत्ता की विजय के लिए प्रयास

Las conclusiones teóricas de los comunistas no se basan en modo alguno en ideas o principios de reformadores

कम्युनिस्टों के सैद्धांतिक निष्कर्ष किसी भी तरह से सुधारकों के विचारों या सिद्धांतों पर आधारित नहीं हैं

no fueron los aspirantes a reformadores universales los que inventaron o descubrieron las conclusiones teóricas de los comunistas

यह सार्वभौमिक सुधारक नहीं थे जिन्होंने कम्युनिस्टों के सैद्धांतिक निष्कर्षों का आविष्कार या खोज की थी

Se limitan a expresar, en términos generales, las relaciones reales que surgen de una lucha de clases existente

वे केवल व्यक्त करते हैं, सामान्य शब्दों में, एक मौजूदा वर्ग संघर्ष से उत्पन्न वास्तविक संबंध

Y describen el movimiento histórico que está ocurriendo ante nuestros propios ojos y que ha creado esta lucha de clases

और वे हमारी आंखों के नीचे चल रहे ऐतिहासिक आंदोलन का वर्णन करते हैं जिसने इस वर्ग संघर्ष को बनाया है

La abolición de las relaciones de propiedad existentes no es en absoluto un rasgo distintivo del comunismo

मौजूदा संपत्ति संबंधों का उन्मूलन साम्यवाद की एक विशिष्ट विशेषता नहीं है

Todas las relaciones de propiedad en el pasado han estado continuamente sujetas a cambios históricos

अतीत में सभी संपत्ति संबंध लगातार ऐतिहासिक परिवर्तन के अधीन रहे हैं

y estos cambios fueron consecuencia del cambio en las condiciones históricas

और ये परिवर्तन ऐतिहासिक परिस्थितियों में परिवर्तन के परिणामस्वरूप थे

La Revolución Francesa, por ejemplo, abolió la propiedad feudal en favor de la propiedad burguesa

उदाहरण के लिए, फ्रांसीसी क्रांति ने बुर्जुआ संपत्ति के पक्ष में सामंती संपत्ति को समाप्त कर दिया

El rasgo distintivo del comunismo no es la abolición de la propiedad, en general

साम्यवाद की विशिष्ट विशेषता संपत्ति का उन्मूलन नहीं है, आम तौर पर

pero el rasgo distintivo del comunismo es la abolición de la propiedad burguesa

लेकिन साम्यवाद की विशिष्ट विशेषता बुर्जुआ संपत्ति का उन्मूलन है

Pero la propiedad privada de la burguesía moderna es la expresión última y más completa del sistema de producción y apropiación de productos

लेकिन आधुनिक पूंजीपति निजी संपत्ति उत्पादों के उत्पादन और विनियोग की प्रणाली की अंतिम और सबसे पूर्ण अभिव्यक्ति है

Es el estado final de un sistema que se basa en los antagonismos de clase, donde el antagonismo de clase es la explotación de la mayoría por unos pocos

यह एक ऐसी प्रणाली की अंतिम स्थिति है जो वर्ग विरोधों पर आधारित है, जहां वर्ग विरोध कुछ लोगों द्वारा कई का शोषण है

En este sentido, la teoría de los comunistas puede resumirse en una sola frase; la abolición de la propiedad privada

इस अर्थ में, कम्युनिस्टों के सिद्धांत को एकल वाक्य में अभिव्यक्त किया जा सकता है; निजी संपत्ति का उन्मूलन

A los comunistas se nos ha reprochado el deseo de abolir el derecho de adquirir personalmente la propiedad

हम कम्युनिस्टों को व्यक्तिगत रूप से संपत्ति अर्जित करने के अधिकार को समाप्त करने की इच्छा से फटकार लगाई गई है

Se afirma que esta propiedad es el fruto del propio trabajo de un hombre

यह दावा किया जाता है कि यह संपत्ति मनुष्य के अपने श्रम का फल है

y se alega que esta propiedad es la base de toda libertad, actividad e independencia personal.

और इस संपत्ति को सभी व्यक्तिगत स्वतंत्रता, गतिविधि और स्वतंत्रता का आधार माना जाता है।

"¡Propiedad ganada con esfuerzo, adquirida por uno mismo, ganada por uno mismo!"

"कड़ी मेहनत से, स्व-अर्जित, स्व-अर्जित संपत्ति!"

¿Te refieres a la propiedad del pequeño artesano y del pequeño campesino?

क्या आपका मतलब छोटे कारीगर और छोटे किसान की संपत्ति से है?

¿Te refieres a una forma de propiedad que precedió a la forma burguesa?

क्या आपका मतलब संपत्ति के एक रूप से है जो बुर्जुआ रूप से पहले था?

No hay necesidad de abolir eso, el desarrollo de la industria ya lo ha destruido en gran medida

इसे समाप्त करने की कोई आवश्यकता नहीं है, उद्योग के विकास ने इसे पहले ही काफी हद तक नष्ट कर दिया है

y el desarrollo de la industria sigue destruyéndola diariamente

और उद्योग का विकास अभी भी इसे प्रतिदिन नष्ट कर रहा है

¿O te refieres a la propiedad privada de la burguesía moderna?

या आपका मतलब आधुनिक बुर्जुआ निजी संपत्ति से है?

Pero, ¿crea el trabajo asalariado alguna propiedad para el trabajador?

लेकिन क्या मजदूरी-मजदूरी मजदूर के लिए कोई संपत्ति पैदा करती है?

¡No, el trabajo asalariado no crea ni una pizca de este tipo de propiedad!

नहीं, मजदूरी मजदूरी इस तरह की संपत्ति का एक टुकड़ा भी नहीं बनाती है!

Lo que sí crea el trabajo asalariado es capital; ese tipo de propiedad que explota el trabajo asalariado

मजदूरी श्रम जो बनाता है वह पूंजी है; उस तरह की संपत्ति जो मजदूरी-श्रम का शोषण करती है

El capital no puede aumentar sino a condición de engendrar una nueva oferta de trabajo asalariado para una nueva explotación

पूंजी तब तक नहीं बढ़ सकती जब तक कि वह नए शोषण के लिए मजदूरी-श्रम की नई आपूर्ति न कर दे

La propiedad, en su forma actual, se basa en el antagonismo entre el capital y el trabajo asalariado

संपत्ति, अपने वर्तमान स्वरूप में, पूंजी और मजदूरी-श्रम के विरोध पर आधारित है

Examinemos los dos lados de este antagonismo

आइए हम इस विरोध के दोनों पक्षों की जांच करें

Ser capitalista es tener no sólo un estatus puramente personal

पूंजीवादी होने का अर्थ न केवल विशुद्ध रूप से व्यक्तिगत स्थिति होना है

En cambio, ser capitalista es también tener un estatus social en la producción

इसके बजाय, पूंजीवादी होने का अर्थ उत्पादन में सामाजिक स्थिति होना भी है

porque el capital es un producto colectivo; Sólo mediante la acción unida de muchos miembros puede ponerse en marcha

क्योंकि पूंजी एक सामूहिक उत्पाद है; केवल कई सदस्यों की एकजुट कार्रवाई से ही इसे गति में स्थापित किया जा सकता है

Pero esta acción unida es el último recurso, y en realidad requiere de todos los miembros de la sociedad

लेकिन यह एकजुट कार्रवाई एक अंतिम उपाय है, और वास्तव में समाज के सभी सदस्यों की आवश्यकता है

El capital se convierte en propiedad de todos los miembros de la sociedad

पूंजी समाज के सभी सदस्यों की संपत्ति में परिवर्तित हो जाती है

pero el Capital no es, por lo tanto, un poder personal; Es un poder social

लेकिन पूंजी, इसलिए, एक व्यक्तिगत शक्ति नहीं है; यह एक सामाजिक शक्ति है

Así, cuando el capital se convierte en propiedad social, la propiedad personal no se transforma en propiedad social

इसलिए जब पूंजी को सामाजिक संपत्ति में परिवर्तित किया जाता है, तो व्यक्तिगत संपत्ति सामाजिक संपत्ति में परिवर्तित नहीं होती है

Lo único que cambia es el carácter social de la propiedad y pierde su carácter de clase

यह केवल संपत्ति का सामाजिक चरित्र है जो बदल जाता है, और अपने वर्ग-चरित्र को खो देता है

Veamos ahora el trabajo asalariado

आइए अब हम मजदूरी-श्रम को देखें

El precio medio del trabajo asalariado es el salario mínimo, es decir, la cantidad de medios de subsistencia

मजदूरी-श्रम की औसत कीमत न्यूनतम मजदूरी है, अर्थात, निर्वाह के साधनों की मात्रा

Este salario es absolutamente necesario en la mera existencia de un obrero

एक मजदूर के रूप में नंगे अस्तित्व में यह मजदूरी नितांत आवश्यक है

Por lo tanto, lo que el asalariado se apropia por medio de su trabajo, sólo basta para prolongar y reproducir una existencia desnuda

इसलिए, मजदूरी-मजदूर अपने श्रम के माध्यम से जो विनियोजित करता है, वह केवल एक नंगे अस्तित्व को लम्बा करने और पुन: उत्पन्न करने के लिए पर्याप्त है

De ninguna manera pretendemos abolir esta apropiación personal de los productos del trabajo

हम किसी भी तरह से श्रम के उत्पादों के इस व्यक्तिगत विनियोग को समाप्त करने का इरादा नहीं रखते हैं

una apropiación que se hace para el mantenimiento y la reproducción de la vida humana

एक विनियोग जो मानव जीवन के रखरखाव और प्रजनन के लिए किया जाता है

Tal apropiación personal de los productos del trabajo no deja ningún excedente con el que ordenar el trabajo de otros

श्रम के उत्पादों का ऐसा व्यक्तिगत विनियोग दूसरों के श्रम को नियंत्रित करने के लिए कोई अधिशेष नहीं छोड़ता है

Lo único que queremos eliminar es el carácter miserable de esta apropiación

हम केवल इस विनियोग के दयनीय चरित्र को दूर करना चाहते हैं

la apropiación bajo la cual vive el obrero sólo para aumentar el capital

ऐसा विनियोग जिसके अन्तर्गत मजदूर केवल पूंजी बढ़ाने के लिए जीवन यापन करता हो

Sólo se le permite vivir en la medida en que lo exija el interés de la clase dominante

उसे केवल वहां तक रहने की अनुमति है जहां तक शासक वर्ग के हित की आवश्यकता होती है

En la sociedad burguesa, el trabajo vivo no es más que un medio para aumentar el trabajo acumulado

बुर्जुआ समाज में, जीवित श्रम संचित श्रम को बढ़ाने का एक साधन है

En la sociedad comunista, el trabajo acumulado no es más que un medio para ampliar, para enriquecer y para promover la existencia del obrero

साम्यवादी समाज में संचित श्रम मजदूर के अस्तित्व को बढ़ावा देने, समृद्ध करने और बढ़ाने का एक साधन मात्र है

En la sociedad burguesa, por lo tanto, el pasado domina al presente

बुर्जुआ समाज में, इसलिए, अतीत वर्तमान पर हावी है

en la sociedad comunista el presente domina al pasado

कम्युनिस्ट समाज में वर्तमान अतीत पर हावी है

En la sociedad burguesa el capital es independiente y tiene individualidad

बुर्जुआ समाज में पूंजी स्वतंत्र है और वैयक्तिकता है

En la sociedad burguesa la persona viva es dependiente y no tiene individualidad

बुर्जुआ समाज में जीवित व्यक्ति निर्भर है और उसका कोई व्यक्तित्व नहीं है

¡Y la abolición de este estado de cosas es llamada por la burguesía, abolición de la individualidad y de la libertad!

और चीजों की इस स्थिति के उन्मूलन को पूंजीपति वर्ग द्वारा कहा जाता है, व्यक्तित्व और स्वतंत्रता का उन्मूलन!

¡Y con razón se llama la abolición de la individualidad y de la libertad!

और इसे सही मायने में व्यक्तित्व और स्वतंत्रता का उन्मूलन कहा जाता है!

El comunismo aspira a la abolición de la individualidad burguesa

साम्यवाद का उद्देश्य बुर्जुआ व्यक्तित्व का उन्मूलन है

El comunismo pretende la abolición de la independencia burguesa

साम्यवाद बुर्जुआ स्वतंत्रता के उन्मूलन के लिए इरादा रखता है

La libertad burguesa es, sin duda, a lo que aspira el comunismo

बुर्जुआ स्वतंत्रता निस्संदेह साम्यवाद का लक्ष्य है

en las actuales condiciones de producción de la burguesía, la libertad significa libre comercio, libre venta y compra

उत्पादन की वर्तमान बुर्जुआ परिस्थितियों के तहत, स्वतंत्रता का अर्थ है मुक्त व्यापार, मुक्त बिक्री और खरीद

Pero si desaparece la venta y la compra, también desaparece la libre venta y la compra

लेकिन अगर बेचना और खरीदना गायब हो जाता है, तो मुफ्त बिक्री और खरीद भी गायब हो जाती है

Las "palabras valientes" de la burguesía sobre la libre venta y compra sólo tienen sentido en un sentido limitado

पूंजीपति वर्ग द्वारा मुफ्त बिक्री और खरीद के बारे में "बहादुर शब्द" केवल सीमित अर्थों में अर्थ रखते हैं

Estas palabras tienen significado solo en contraste con la venta y la compra restringidas

इन शब्दों का अर्थ केवल प्रतिबंधित बिक्री और खरीद के विपरीत है
y estas palabras sólo tienen sentido cuando se aplican a los
comerciantes encadenados de la Edad Media
और इन शब्दों का अर्थ केवल तभी होता है जब मध्य युग के बंधे हुए
व्यापारियों पर लागू किया जाता है
y eso supone que estas palabras incluso tienen un
significado en un sentido burgués
और यह मानता है कि इन शब्दों का बुर्जुआ अर्थ में भी अर्थ है
pero estas palabras no tienen ningún significado cuando se
usan para oponerse a la abolición comunista de la compra y
venta
लेकिन इन शब्दों का कोई अर्थ नहीं है जब उनका उपयोग खरीदने और
बेचने के साम्यवादी उन्मूलन का विरोध करने के लिए किया जा रहा है
las palabras no tienen sentido cuando se usan para oponerse
a la abolición de las condiciones de producción de la
burguesía
इन शब्दों का कोई अर्थ नहीं है जब उनका उपयोग उत्पादन की बुर्जुआ शर्तों
को समाप्त करने का विरोध करने के लिए किया जा रहा है
y no tienen ningún sentido cuando se utilizan para oponerse
a la abolición de la propia burguesía
और उनका कोई मतलब नहीं है जब उनका इस्तेमाल पूंजीपति वर्ग को
समाप्त करने का विरोध करने के लिए किया जा रहा है
Ustedes están horrorizados de nuestra intención de acabar
con la propiedad privada
आप निजी संपत्ति को खत्म करने के हमारे इरादे से भयभीत हैं
Pero en la sociedad actual, la propiedad privada ya ha sido
eliminada para las nueve décimas partes de la población
लेकिन आपके मौजूदा समाज में, निजी संपत्ति पहले से ही आबादी के नौ-
दसवें हिस्से के लिए दूर हो गई है
La existencia de la propiedad privada para unos pocos se
debe únicamente a su inexistencia en manos de las nueve
décimas partes de la población
कुछ के लिए निजी संपत्ति का अस्तित्व पूरी तरह से आबादी के नौ-दसवें
हिस्से के हाथों में इसकी गैर-मौजूदगी के कारण है
Por lo tanto, nos reprochas que pretendamos acabar con una
forma de propiedad

इसलिए, आप हमें संपत्ति के एक रूप को समाप्त करने के इरादे से फटकार लगाते हैं

Pero la propiedad privada requiere la inexistencia de propiedad alguna para la inmensa mayoría de la sociedad

लेकिन निजी संपत्ति के लिए समाज के विशाल बहुमत के लिए किसी भी संपत्ति के गैर-अस्तित्व की आवश्यकता होती है

En una palabra, nos reprochas que pretendamos acabar con tu propiedad

एक शब्द में, आप अपनी संपत्ति को दूर करने के इरादे से हमें फटकार लगाते हैं

Y es precisamente así; prescindir de su propiedad es justo lo que pretendemos

और ठीक ऐसा ही है; अपनी संपत्ति को दूर करना वही है जो हम चाहते हैं

Desde el momento en que el trabajo ya no puede convertirse en capital, dinero o renta

उस क्षण से जब श्रम को अब पूंजी, धन या किराए में परिवर्तित नहीं किया जा सकता है

cuando el trabajo ya no puede convertirse en un poder social capaz de ser monopolizado

जब श्रम को अब एकाधिकार करने में सक्षम सामाजिक शक्ति में परिवर्तित नहीं किया जा सकता है

desde el momento en que la propiedad individual ya no puede transformarse en propiedad burguesa

उस क्षण से जब व्यक्तिगत संपत्ति को अब बुर्जुआ संपत्ति में परिवर्तित नहीं किया जा सकता है

desde el momento en que la propiedad individual ya no puede transformarse en capital

उस क्षण से जब व्यक्तिगत संपत्ति को अब पूंजी में परिवर्तित नहीं किया जा सकता है

A partir de ese momento, dices que la individualidad se desvanece

उस क्षण से, आप कहते हैं कि व्यक्तित्व गायब हो जाता है

Debéis confesar, pues, que por "individuo" no os referimos a otra persona que a la burguesía

इसलिए, आपको स्वीकार करना चाहिए कि "व्यक्ति" से आपका मतलब पूंजीपति वर्ग के अलावा किसी अन्य व्यक्ति से नहीं है

Debes confesar que se refiere específicamente al propietario de una propiedad de clase media

आपको स्वीकार करना चाहिए कि यह विशेष रूप से संपत्ति के मध्यम वर्ग के मालिक को संदर्भित करता है

Esta persona debe, en verdad, ser barrida del camino, y hecha imposible

इस व्यक्ति को, वास्तव में, रास्ते से हटा दिया जाना चाहिए, और असंभव बना दिया जाना चाहिए

El comunismo no priva a ningún hombre del poder de apropiarse de los productos de la sociedad

साम्यवाद किसी भी व्यक्ति को समाज के उत्पादों को विनियोजित करने की शक्ति से वंचित नहीं करता है

todo lo que hace el comunismo es privarlo del poder de subyugar el trabajo de otros por medio de tal apropiación

साम्यवाद जो कुछ भी करता है वह उसे इस तरह के विनियोग के माध्यम से दूसरों के श्रम को अधीन करने की शक्ति से वंचित करता है

Se ha objetado que, tras la abolición de la propiedad privada, cesará todo trabajo

यह आपत्ति की गई है कि निजी संपत्ति के उन्मूलन पर सभी काम बंद हो जाएंगे

y entonces se sugiere que la pereza universal se apoderará de nosotros

और फिर यह सुझाव दिया जाता है कि सार्वभौमिक आलस्य हम पर हावी हो जाएगा

De acuerdo con esto, la sociedad burguesa debería haber ido hace mucho tiempo a los perros por pura ociosidad

इसके अनुसार, बुर्जुआ समाज को बहुत पहले ही आलस्य के माध्यम से कुत्तों के पास जाना चाहिए था

porque los de sus miembros que trabajan, no adquieren nada

क्योंकि इसके सदस्यों में से जो काम करते हैं, उन्हें कुछ भी हासिल नहीं होता है

y los de sus miembros que adquieren algo, no trabajan

और इसके सदस्यों में से जो कुछ भी हासिल करते हैं, वे काम नहीं करते हैं

Toda esta objeción no es más que otra expresión de la tautología

यह पूरी आपत्ति टॉटोलॉजी की एक और अभिव्यक्ति है

Ya no puede haber trabajo asalariado cuando ya no hay capital

जब तक कोई पूंजी नहीं है तब तक कोई मजदूरी-श्रम नहीं हो सकता

No hay diferencia entre los productos materiales y los productos mentales

भौतिक उत्पादों और मानसिक उत्पादों के बीच कोई अंतर नहीं है

El comunismo propone que ambos se producen de la misma manera

साम्यवाद का प्रस्ताव है कि ये दोनों एक ही तरह से निर्मित होते हैं

pero las objeciones contra los modos comunistas de producirlos son las mismas

लेकिन इनके उत्पादन के साम्यवादी तरीकों के खिलाफ आपत्तियां समान हैं

para la burguesía, la desaparición de la propiedad de clase es la desaparición de la producción misma

पूंजीपति वर्ग के लिए वर्ग संपत्ति का गायब होना उत्पादन का ही गायब होना है

De modo que la desaparición de la cultura de clase es para él idéntica a la desaparición de toda cultura

इसलिए वर्ग संस्कृति का गायब होना उसके लिए सभी संस्कृति के गायब होने के समान है

Esa cultura, cuya pérdida lamenta, es para la inmensa mayoría un mero entrenamiento para actuar como una máquina

वह संस्कृति, जिसके नुकसान का वह अफसोस करता है, विशाल बहुमत के लिए एक मशीन के रूप में कार्य करने के लिए एक मात्र प्रशिक्षण है

Los comunistas tienen la firme intención de abolir la cultura de la propiedad burguesa

कम्युनिस्ट बुर्जुआ संपत्ति की संस्कृति को खत्म करने का इरादा रखते हैं

Pero no discutan con nosotros mientras apliquen el estándar de sus nociones burguesas de libertad, cultura, ley, etc

लेकिन जब तक आप स्वतंत्रता, संस्कृति, कानून आदि के अपने बुर्जुआ विचारों के मानक को लागू नहीं करते हैं, तब तक हमारे साथ झगड़ा न करें

Vuestras mismas ideas no son más que el resultado de las condiciones de la producción burguesa y de la propiedad burguesa

आपके विचार ही आपके बुर्जुआ उत्पादन और बुर्जुआ संपत्ति की स्थितियों का परिणाम हैं

del mismo modo que vuestra jurisprudencia no es más que
la voluntad de vuestra clase convertida en ley para todos

जैसा कि आपका न्यायशास्त्र है, लेकिन आपके वर्ग की इच्छा को सभी के
लिए एक कानून बनाया गया है

El carácter esencial y la dirección de esta voluntad están
determinados por las condiciones económicas que crea su
clase social

इस वसीयत का आवश्यक चरित्र और दिशा आपके सामाजिक वर्ग द्वारा
बनाई गई आर्थिक स्थितियों से निर्धारित होती है

El concepto erróneo egoísta que te induce a transformar las
formas sociales en leyes eternas de la naturaleza y de la
razón

स्वार्थी गलत धारणा जो आपको सामाजिक रूपों को प्रकृति और तर्क के
शाश्वत नियमों में बदलने के लिए प्रेरित करती है

las formas sociales que brotan de vuestro actual modo de
producción y de vuestra forma de propiedad

आपके उत्पादन के वर्तमान तरीके और संपत्ति के रूप से उत्पन्न सामाजिक
रूप

relaciones históricas que surgen y desaparecen en el
progreso de la producción

ऐतिहासिक संबंध जो उत्पादन की प्रगति में उठते और गायब होते हैं

Este concepto erróneo lo compartes con todas las clases
dominantes que te han precedido

यह गलत धारणा आप हर शासक वर्ग के साथ साझा करते हैं जो आपसे
पहले आई है

Lo que se ve claramente en el caso de la propiedad antigua,
lo que se admite en el caso de la propiedad feudal

प्राचीन संपत्ति के मामले में आप जो स्पष्ट रूप से देखते हैं, सामंती संपत्ति के
मामले में आप क्या स्वीकार करते हैं

estas cosas, por supuesto, le está prohibido admitir en el caso
de su propia forma burguesa de propiedad

इन चीजों को आप निश्चित रूप से संपत्ति के अपने पूंजीपति वर्ग के रूप में
स्वीकार करने से मना करते हैं

¡Abolición de la familia! Hasta los más radicales estallan
ante esta infame propuesta de los comunistas

परिवार का उन्मूलन! यहां तक कि कम्युनिस्टों के इस कुख्यात प्रस्ताव पर
सबसे कट्टरपंथी भड़क गए

¿Sobre qué base se asienta la familia actual, la familia Bourgeoisie?

वर्तमान परिवार, बुर्जुआ परिवार, किस आधार पर आधारित है?

La base de la familia actual se basa en el capital y la ganancia privada

वर्तमान परिवार की नींव पूंजी और निजी लाभ पर आधारित है

En su forma completamente desarrollada, esta familia sólo existe entre la burguesía

अपने पूर्ण विकसित रूप में यह परिवार केवल बुर्जुआ वर्ग के बीच ही मौजूद है

Este estado de cosas encuentra su complemento en la ausencia práctica de la familia entre los proletarios

सर्वहारा वर्ग के बीच परिवार की व्यावहारिक अनुपस्थिति में चीजों की यह स्थिति अपना पूरक पाती है

Este estado de cosas se puede encontrar en la prostitución pública

चीजों की यह स्थिति सार्वजनिक वेश्यावृत्ति में पाई जा सकती है

La familia Bourgeoisie se desvanecerá como algo natural cuando su complemento se desvanezca

पूंजीपति परिवार निश्चित रूप से गायब हो जाएगा जब इसका पूरक गायब हो जाएगा

y ambos se desvanecerán con la desaparición del capital

और ये दोनों पूंजी के लुप्त होने के साथ गायब हो जाएंगे

¿Nos acusan de querer detener la explotación de los niños por parte de sus padres?

क्या आप हम पर आरोप लगाते हैं कि हम अपने माता-पिता द्वारा बच्चों के शोषण को रोकना चाहते हैं?

De este crimen nos declaramos culpables

इस अपराध के लिए हम दोषी मानते हैं

Pero, dirás, destruimos la más sagrada de las relaciones, cuando reemplazamos la educación en el hogar por la educación social

लेकिन, आप कहेंगे कि जब हम गृह शिक्षा को सामाजिक शिक्षा से प्रतिस्थापित करते हैं तो हम सबसे पवित्र संबंधों को नष्ट कर देते हैं

¿No es también social su educación? ¿Y no está determinado por las condiciones sociales en las que se educa?

क्या आपकी शिक्षा भी सामाजिक नहीं है? और क्या यह उन सामाजिक परिस्थितियों से निर्धारित नहीं होता है जिनके तहत आप शिक्षित होते हैं?

por la intervención, directa o indirecta, de la sociedad, por medio de las escuelas, etc.

हस्तक्षेप, प्रत्यक्ष या अप्रत्यक्ष रूप से, समाज के, स्कूलों के माध्यम से, आदि।

Los comunistas no han inventado la intervención de la sociedad en la educación

कम्युनिस्टों ने शिक्षा में समाज के हस्तक्षेप का आविष्कार नहीं किया है

lo único que pretenden es alterar el carácter de esa intervención

वे करते हैं लेकिन उस हस्तक्षेप के चरित्र को बदलना चाहते हैं

y buscan rescatar la educación de la influencia de la clase dominante

और वे शासक वर्ग के प्रभाव से शिक्षा को बचाना चाहते हैं

La burguesía habla de la sagrada correlación entre padres e hijos

पूंजीपति माता-पिता और बच्चे के पवित्र सह-संबंध की बात करते हैं

pero esta trampa sobre la familia y la educación se vuelve aún más repugnante cuando miramos a la industria moderna

लेकिन परिवार और शिक्षा के बारे में यह ताली-जाल तब और अधिक घृणित हो जाता है जब हम आधुनिक उद्योग को देखते हैं

Todos los lazos familiares entre los proletarios son desgarrados por la industria moderna

सर्वहारा वर्ग के बीच सभी पारिवारिक संबंध आधुनिक उद्योग द्वारा तोड़ दिए गए हैं

Sus hijos se transforman en simples artículos de comercio e instrumentos de trabajo

उनके बच्चे वाणिज्य के सरल लेखों और श्रम के उपकरणों में बदल जाते हैं

Pero vosotros, los comunistas, creáis una comunidad de mujeres, grita a coro toda la burguesía

लेकिन आप कम्युनिस्ट महिलाओं का एक समुदाय बनाएंगे, कोरस में पूरे पूंजीपति वर्ग को चिल्लाते हैं

La burguesía ve en su mujer un mero instrumento de producción

पूंजीपति वर्ग अपनी पत्नी में उत्पादन का एक साधन मात्र देखता है

Oye que los instrumentos de producción deben ser
explotados por todos

वह सुनता है कि उत्पादन के साधनों का सभी द्वारा शोषण किया जाना है

Y, naturalmente, no puede llegar a otra conclusión que la de
que la suerte de ser común a todos recaerá igualmente en las
mujeres

और, स्वाभाविक रूप से, वह इसके अलावा किसी अन्य निष्कर्ष पर नहीं आ
सकता है कि सभी के लिए सामान्य होने का बहुत कुछ महिलाओं के लिए भी
गिर जाएगा

Ni siquiera sospecha que el verdadero objetivo es acabar con
la condición de la mujer como meros instrumentos de
producción

उन्हें इस बात में जरा भी संदेह नहीं है कि असली मुद्दा महिलाओं को महज
उत्पादन के साधन के रूप में दिए जाने वाले रुतबे को खत्म करना है

Por lo demás, nada es más ridículo que la virtuosa
indignación de nuestra burguesía contra la comunidad de
mujeres

बाकी के लिए, महिलाओं के समुदाय पर हमारे पूंजीपति वर्ग के पुण्य
आक्रोश से ज्यादा हास्यास्पद कुछ भी नहीं है

pretenden que sea abierta y oficialmente establecida por los
comunistas

वे दिखावा करते हैं कि यह कम्युनिस्टों द्वारा खुले तौर पर और आधिकारिक
तौर पर स्थापित किया जाना है

Los comunistas no tienen necesidad de introducir la
comunidad de mujeres, ha existido casi desde tiempos
inmemoriales

कम्युनिस्टों को महिलाओं के समुदाय को पेश करने की कोई आवश्यकता
नहीं है, यह लगभग अनादि काल से अस्तित्व में है

Nuestra burguesía no se contenta con tener a su disposición
a las mujeres e hijas de sus proletarios

हमारे पूंजीपति वर्ग अपने सर्वहारा वर्ग की पत्नियों और बेटियों को अपने
निपटान में रखने से संतुष्ट नहीं हैं

Tienen el mayor placer en seducir a las esposas de los demás

वे एक-दूसरे की पत्नियों को बहकाने में सबसे ज्यादा आनंद लेते हैं

Y eso sin hablar de las prostitutas comunes

और यह आम वेश्याओं की बात करने के लिए भी नहीं है

El matrimonio burgués es en realidad un sistema de esposas
en común
बुर्जुआ विवाह वास्तव में आम तौर पर पत्नियों की एक प्रणाली है
entonces hay una cosa que se podría reprochar a los
comunistas
तो एक बात है कि कम्युनिस्टों को संभवतः फटकार लगाई जा सकती है
Desean introducir una comunidad de mujeres abiertamente
legalizada
वे महिलाओं के एक खुले तौर पर वैध समुदाय को पेश करना चाहते हैं
en lugar de una comunidad de mujeres hipócritamente
oculta
बल्कि महिलाओं के एक पाखंडी रूप से छिपे हुए समुदाय के बजाय
la comunidad de mujeres que surgen del sistema de
producción
उत्पादन की व्यवस्था से उगता हुआ महिलाओं का समुदाय
abolid el sistema de producción y abolid la comunidad de
mujeres
उत्पादन की प्रणाली को समाप्त करो, और तुम महिलाओं के समुदाय को
समाप्त कर दो
Se suprime la prostitución pública y la prostitución privada
सार्वजनिक वेश्यावृत्ति दोनों को समाप्त कर दिया गया है, और निजी
वेश्यावृत्ति
A los comunistas se les reprocha, además, que desean abolir
los países y las nacionalidades
कम्युनिस्टों को देशों और राष्ट्रीयता को खत्म करने की इच्छा के साथ और
अधिक तिरस्कृत किया जाता है
Los trabajadores no tienen patria, así que no podemos
quitarles lo que no tienen
मेहनतकश लोगों का कोई देश नहीं होता, इसलिए हम उनसे वह नहीं ले
सकते जो उन्हें नहीं मिला है
El proletariado debe, ante todo, adquirir la supremacía
política
सर्वहारा वर्ग को सबसे पहले राजनीतिक वर्चस्व हासिल करना होगा
El proletariado debe elevarse para ser la clase dirigente de la
nación
सर्वहारा वर्ग को राष्ट्र का अग्रणी वर्ग बनना होगा
El proletariado debe constituirse en la nación

सर्वहारा वर्ग को स्वयं को राष्ट्र बनाना होगा

es, hasta ahora, nacional, aunque no en el sentido burgués de la palabra

यह अब तक, खुद राष्ट्रीय है, हालांकि शब्द के पूंजीपति अर्थ में नहीं है

Las diferencias nacionales y los antagonismos entre los pueblos desaparecen cada día más

लोगों के बीच राष्ट्रीय मतभेद और विरोध दिन-प्रतिदिन अधिक से अधिक गायब हो रहे हैं

debido al desarrollo de la burguesía, a la libertad de comercio, al mercado mundial

पूंजीपति वर्ग के विकास के कारण, वाणिज्य की स्वतंत्रता के लिए, विश्व-बाजार के लिए

a la uniformidad en el modo de producción y en las condiciones de vida correspondientes

उत्पादन के तरीके में और उसके अनुरूप जीवन की स्थितियों में एकरूपता के लिए

La supremacía del proletariado hará que desaparezcan aún más rápidamente

सर्वहारा वर्ग की सर्वोच्चता उन्हें और भी तेजी से गायब कर देगी

La acción unida, al menos de los principales países civilizados, es una de las primeras condiciones para la emancipación del proletariado

कम से कम अग्रणी सभ्य देशों की एकजुट कार्रवाई, सर्वहारा वर्ग की मुक्ति के लिए पहली शर्तों में से एक है

En la medida en que se ponga fin a la explotación de un individuo por otro, también se pondrá fin a la explotación de una nación por otra.

जिस अनुपात में एक व्यक्ति द्वारा दूसरे व्यक्ति के शोषण को समाप्त किया जाता है, उसी अनुपात में एक राष्ट्र द्वारा दूसरे राष्ट्र के शोषण को भी समाप्त कर दिया जाएगा

A medida que desaparezca el antagonismo entre las clases dentro de la nación, la hostilidad de una nación hacia otra llegará a su fin

जिस अनुपात में राष्ट्र के भीतर वर्गों के बीच शत्रुता गायब हो जाएगी, उसी अनुपात में एक राष्ट्र की दूसरे राष्ट्र के प्रति शत्रुता समाप्त हो जाएगी

Las acusaciones contra el comunismo hechas desde un punto de vista religioso, filosófico y, en general, ideológico, no merecen un examen serio

साम्यवाद के खिलाफ धार्मिक, दार्शनिक और आम तौर पर वैचारिक दृष्टिकोण से लगाए गए आरोप गंभीर परीक्षा के योग्य नहीं हैं

¿Se requiere una intuición profunda para comprender que las ideas, puntos de vista y concepciones del hombre cambian con cada cambio en las condiciones de su existencia material?

क्या यह समझने के लिए गहन अंतर्ज्ञान की आवश्यकता है कि मनुष्य के विचार, दृष्टिकोण और धारणाएँ उसके भौतिक अस्तित्व की स्थितियों में हर बदलाव के साथ बदलती हैं?

¿No es obvio que la conciencia del hombre cambia cuando cambian sus relaciones sociales y su vida social?

क्या यह स्पष्ट नहीं है कि मनुष्य की चेतना तब बदलती है जब उसके सामाजिक संबंध और उसका सामाजिक जीवन बदलता है?

¿Qué otra cosa prueba la historia de las ideas sino que la producción intelectual cambia de carácter a medida que cambia la producción material?

विचारों का इतिहास इससे अधिक और क्या साबित करता है कि बौद्धिक उत्पादन अपने चरित्र को उसी अनुपात में बदलता है जिस अनुपात में भौतिक उत्पादन बदलता है?

Las ideas dominantes de cada época han sido siempre las ideas de su clase dominante

प्रत्येक युग के शासक विचार हमेशा से उसके शासक वर्ग के विचार रहे हैं

Cuando se habla de ideas que revolucionan la sociedad, no hace más que expresar un hecho

जब लोग समाज में क्रांति लाने वाले विचारों की बात करते हैं, तो वे केवल एक तथ्य व्यक्त करते हैं

Dentro de la vieja sociedad, se han creado los elementos de una nueva

पुराने समाज के भीतर, एक नए के तत्व बनाए गए हैं

y que la disolución de las viejas ideas sigue el mismo ritmo que la disolución de las viejas condiciones de existencia

और यह कि पुराने विचारों का विघटन अस्तित्व की पुरानी स्थितियों के विघटन के साथ तालमेल बिठाता है

Cuando el mundo antiguo estaba en sus últimos estertores, las religiones antiguas fueron vencidas por el cristianismo

जब प्राचीन दुनिया अपने अंतिम चरण में थी, तो प्राचीन धर्मों को ईसाई धर्म ने दूर कर दिया था

Cuando las ideas cristianas sucumbieron en el siglo XVIII a las ideas racionalistas, la sociedad feudal libró su batalla a muerte contra la burguesía revolucionaria de entonces

जब 18 वीं शताब्दी में ईसाई विचारों ने तर्कवादी विचारों के आगे घुटने टेक दिए, तो सामंती समाज ने तत्कालीन क्रांतिकारी पूंजीपति वर्ग के साथ अपनी मौत की लड़ाई लड़ी

Las ideas de la libertad religiosa y de la libertad de conciencia no hacían más que expresar el dominio de la libre competencia en el dominio del conocimiento

धार्मिक स्वतंत्रता और अंतरात्मा की स्वतंत्रता के विचारों ने केवल ज्ञान के क्षेत्र में मुक्त प्रतिस्पर्धा के बोलबाला को अभिव्यक्ति दी

"Indudablemente", se dirá, "las ideas religiosas, morales, filosóficas y jurídicas se han modificado en el curso del desarrollo histórico"

"निस्संदेह," यह कहा जाएगा, "ऐतिहासिक विकास के दौरान धार्मिक, नैतिक, दार्शनिक और न्यायिक विचारों को संशोधित किया गया है"

"Pero la religión, la filosofía de la moral, la ciencia política y el derecho, sobrevivieron constantemente a este cambio"

"लेकिन धर्म, नैतिकता, दर्शन, राजनीति विज्ञान और कानून, लगातार इस परिवर्तन से बचे रहे"

"También hay verdades eternas, como la Libertad, la Justicia, etc."

"शाश्वत सत्य भी हैं, जैसे स्वतंत्रता, न्याय, आदि"

"Estas verdades eternas son comunes a todos los estados de la sociedad"

"ये शाश्वत सत्य समाज के सभी राज्यों के लिए आम हैं"

"Pero el comunismo suprime las verdades eternas, suprime toda religión y toda moral"

लेकिन साम्यवाद शाश्वत सत्यों को समाप्त करता है, यह सभी धर्मों और सभी नैतिकता को समाप्त करता है।

"Lo hace en lugar de constituirlos sobre una nueva base"

"यह उन्हें एक नए आधार पर गठित करने के बजाय ऐसा करता है"

"Por lo tanto, actúa en contradicción con toda la experiencia histórica pasada"

"इसलिए यह पिछले सभी ऐतिहासिक अनुभवों के विपरीत कार्य करता है"

¿A qué se reduce esta acusación?

यह आरोप खुद को क्या कम करता है?

La historia de toda la sociedad pasada ha consistido en el desarrollo de antagonismos de clase

सभी पिछले समाज का इतिहास वर्ग विरोधों के विकास में शामिल है

antagonismos que asumieron diferentes formas en diferentes épocas

अलग-अलग युगों में अलग-अलग रूप धारण करने वाले विरोध

Pero cualquiera que sea la forma que hayan tomado, un hecho es común a todas las épocas pasadas

लेकिन उन्होंने जो भी रूप लिया हो, एक तथ्य सभी पिछले युगों के लिए सामान्य है

la explotación de una parte de la sociedad por la otra

समाज के एक हिस्से का दूसरे हिस्से द्वारा शोषण

No es de extrañar, pues, que la conciencia social de épocas pasadas se mueva dentro de ciertas formas comunes o ideas generales

कोई आश्चर्य नहीं, फिर, कि पिछले युगों की सामाजिक चेतना कुछ सामान्य रूपों, या सामान्य विचारों के भीतर चलती है

(y eso a pesar de toda la multiplicidad y variedad que muestra)

(और यह सभी बहुलता और विविधता के बावजूद प्रदर्शित होता है)

y éstos no pueden desaparecer por completo sino con la desaparición total de los antagonismos de clase

और ये वर्ग विरोधों के पूरी तरह से गायब होने के बिना पूरी तरह से गायब नहीं हो सकते हैं

La revolución comunista es la ruptura más radical con las relaciones tradicionales de propiedad

कम्युनिस्ट क्रांति पारंपरिक संपत्ति संबंधों के साथ सबसे कट्टरपंथी टूटना है

No es de extrañar que su desarrollo implique la ruptura más radical con las ideas tradicionales

कोई आश्चर्य नहीं कि इसके विकास में पारंपरिक विचारों के साथ सबसे कट्टरपंथी टूटना शामिल है

Pero dejemos de lado las objeciones de la burguesía al comunismo

लेकिन हमें साम्यवाद के लिए पूंजीपति आपत्तियों के साथ किया है

Hemos visto más arriba el primer paso de la revolución de la clase obrera

हमने मज़दूर वर्ग द्वारा क्रांति के पहले कदम को ऊपर देखा है

Hay que elevar al proletariado a la posición de gobernante, para ganar la batalla de la democracia

सर्वहारा वर्ग को शासन करने की स्थिति में लाना होगा, लोकतंत्र की लड़ाई जीतनी होगी

El proletariado utilizará su supremacía política para arrebatar, poco a poco, todo el capital a la burguesía

सर्वहारा वर्ग अपने राजनीतिक वर्चस्व का उपयोग पूंजीपति वर्ग से सारी पूंजी छीनने के लिए करेगा

centralizará todos los instrumentos de producción en manos del Estado

यह उत्पादन के सभी साधनों को राज्य के हाथों में केंद्रीकृत करेगा

En otras palabras, el proletariado organizado como clase dominante

दूसरे शब्दों में, सर्वहारा शासक वर्ग के रूप में संगठित

y aumentará el total de las fuerzas productivas lo más rápidamente posible

और यह जितनी जल्दी हो सके उत्पादक शक्तियों की कुल वृद्धि करेगा

Por supuesto, al principio, esto no puede llevarse a cabo sino por medio de incursiones despóticas en los derechos de propiedad

बेशक, शुरुआत में, यह संपत्ति के अधिकारों पर निरंकुश अतिक्रमण के माध्यम से छोड़कर प्रभावित नहीं किया जा सकता है

y tiene que lograrse en las condiciones de la producción burguesa

और इसे बुर्जुआ उत्पादन की शर्तों पर हासिल करना होगा

Por lo tanto, se logra mediante medidas que parecen económicamente insuficientes e insostenibles

यह उपायों के माध्यम से प्राप्त किया जाता है, इसलिए, जो आर्थिक रूप से अपर्याप्त और अस्थिर दिखाई देते हैं

pero estos medios, en el curso del movimiento, se superan a sí mismos

लेकिन इसका मतलब है, आंदोलन के दौरान, खुद को पीछे छोड़ दें

Requieren nuevas incursiones en el viejo orden social

उन्हें पुरानी सामाजिक व्यवस्था पर और अधिक अतिक्रमण करने की आवश्यकता है

y son ineludibles como medio de revolucionar por completo el modo de producción

और वे उत्पादन के तरीके में पूरी तरह से क्रांति लाने के साधन के रूप में अपरिहार्य हैं

Por supuesto, estas medidas serán diferentes en los distintos países

ये उपाय निश्चित रूप से अलग-अलग देशों में अलग-अलग होंगे

Sin embargo, en los países más avanzados, lo siguiente será de aplicación bastante general

फिर भी सबसे उन्नत देशों में, निम्नलिखित आम तौर पर लागू होंगे

1. Abolición de la propiedad de la tierra y aplicación de todas las rentas de la tierra a fines públicos.

1. भूमि में संपत्ति का उन्मूलन और सार्वजनिक उद्देश्यों के लिए भूमि के सभी किराए का उपयोग।

2. Un fuerte impuesto progresivo o gradual sobre la renta.

2. एक भारी प्रगतिशील या स्नातक आयकर।

3. Abolición de todo derecho de herencia.

3. विरासत के सभी अधिकारों का उन्मूलन।

4. Confiscación de los bienes de todos los emigrantes y rebeldes.

4. सभी प्रवासियों और विद्रोहियों की संपत्ति की जब्ती।

5. Centralización del crédito en manos del Estado, por medio de un banco nacional de capital estatal y monopolio exclusivo.

5. राज्य के हाथों में ऋण का केंद्रीकरण, राज्य पूंजी के साथ एक राष्ट्रीय बैंक और एक अनन्य एकाधिकार के माध्यम से।

6. Centralización de los medios de comunicación y transporte en manos del Estado.

6. संचार और परिवहन के साधनों का राज्य के हाथों में केन्द्रीयकरण।

7. Ampliación de fábricas e instrumentos de producción propiedad del Estado

7. राज्य के स्वामित्व वाले कारखानों और उत्पादन के उपकरणों का विस्तार

la puesta en cultivo de tierras baldías y el mejoramiento del suelo en general de acuerdo con un plan común.

बंजर भूमि की खेती में लाना, और आम तौर पर एक सामान्य योजना के अनुसार मिट्टी का सुधार।

8. Igual responsabilidad de todos hacia el trabajo

8. श्रम के प्रति सभी का समान दायित्व

Establecimiento de ejércitos industriales, especialmente para la agricultura.

विशेष रूप से कृषि के लिए औद्योगिक सेनाओं की स्थापना।

9. Combinación de la agricultura con las industrias manufactureras

9. विनिर्माण उद्योगों के साथ कृषि का संयोजन

Abolición gradual de la distinción entre la ciudad y el campo, por una distribución más equitativa de la población en todo el país.

देश भर में जनसंख्या के अधिक समान वितरण द्वारा शहर और देश के बीच अंतर का क्रमिक उन्मूलन।

10. Educación gratuita para todos los niños en las escuelas públicas.

10. पब्लिक स्कूलों में सभी बच्चों के लिए मुफ्त शिक्षा।

Abolición del trabajo infantil en las fábricas en su forma actual

अपने वर्तमान स्वरूप में बच्चों के कारखाने के श्रम का उन्मूलन

Combinación de la educación con la producción industrial

औद्योगिक उत्पादन के साथ शिक्षा का संयोजन

Cuando, en el curso del desarrollo, las distinciones de clase han desaparecido

जबकि, विकास के क्रम में, वर्ग भेद गायब हो गए हैं

y cuando toda la producción se ha concentrado en manos de una vasta asociación de toda la nación

और जब सारा उत्पादन पूरे देश के विशाल संघ के हाथों में केंद्रित हो गया है

entonces el poder público perderá su carácter político

तब सार्वजनिक शक्ति अपना राजनीतिक चरित्र खो देगी

El poder político, propiamente dicho, no es más que el poder organizado de una clase para oprimir a otra

राजनीतिक शक्ति, ठीक से तथाकथित, केवल एक वर्ग की दूसरे पर अत्याचार करने के लिए संगठित शक्ति है

Si el proletariado, en su lucha contra la burguesía, se ve obligado, por la fuerza de las circunstancias, a organizarse como clase

यदि सर्वहारा वर्ग बुर्जुआ वर्ग के साथ अपनी प्रतिस्पर्धा के दौरान, परिस्थितियों के बल पर, खुद को एक वर्ग के रूप में संगठित करने के लिए मजबूर हो जाता है

si, por medio de una revolución, se convierte en la clase dominante

यदि, एक क्रांति के माध्यम से, यह खुद को शासक वर्ग बनाता है

y, como tal, barre por la fuerza las viejas condiciones de producción

और, इस तरह, यह उत्पादन की पुरानी स्थितियों को बलपूर्वक दूर कर देता है

entonces, junto con estas condiciones, habrá barrido las condiciones para la existencia de los antagonismos de clase y de las clases en general

तब यह इन स्थितियों के साथ-साथ वर्ग विरोधों और आम तौर पर वर्गों के अस्तित्व की शर्तों को मिटा देगा

y con ello habrá abolido su propia supremacía como clase.

और इस तरह एक वर्ग के रूप में अपने स्वयं के वर्चस्व को समाप्त कर दिया होगा।

En lugar de la vieja sociedad burguesa, con sus clases y sus antagonismos de clase, tendremos una asociación

पुराने बुर्जुआ समाज के स्थान पर, अपने वर्गों और वर्ग विरोधों के साथ, हमारा एक संघ होगा

una asociación en la que el libre desarrollo de cada uno sea la condición para el libre desarrollo de todos

एक संघ जिसमें प्रत्येक का मुक्त विकास सभी के मुक्त विकास की शर्त है

1) Socialismo reaccionario
1) प्रतिक्रियावादी समाजवाद

a) Socialismo feudal
a) सामंती समाजवाद

las aristocracias de Francia e Inglaterra tenían una posición histórica única

फ्रांस और इंग्लैंड के अभिजात वर्ग की एक अद्वितीय ऐतिहासिक स्थिति थी

se convirtió en su vocación escribir panfletos contra la sociedad burguesa moderna

आधुनिक बुर्जुआ समाज के खिलाफ पर्चे लिखना उनका पेशा बन गया

En la Revolución Francesa de julio de 1830 y en la agitación reformista inglesa

जुलाई 1830 की फ्रांसीसी क्रांति में, और अंग्रेजी सुधार आंदोलन में

Estas aristocracias sucumbieron de nuevo ante el odioso advenedizo

इन अभिजात वर्ग ने फिर से घृणित अपस्टार्ट के आगे घुटने टेक दिए

A partir de entonces, una contienda política seria quedó totalmente fuera de discusión

इसके बाद, एक गंभीर राजनीतिक प्रतियोगिता पूरी तरह से सवाल से बाहर थी

Todo lo que quedaba posible era una batalla literaria, no una batalla real

जो कुछ भी संभव था वह साहित्यिक लड़ाई थी, वास्तविक लड़ाई नहीं

Pero incluso en el dominio de la literatura, los viejos gritos del período de la restauración se habían vuelto imposibles

लेकिन साहित्य के क्षेत्र में भी बहाली के दौर की पुरानी चीखें असंभव हो गई थीं

Para despertar simpatías, la aristocracia se vio obligada a perder de vista, aparentemente, sus propios intereses

सहानुभूति जगाने के लिए, अभिजात वर्ग दृष्टि खोने के लिए बाध्य थे, जाहिरा तौर पर, अपने स्वयं के हितों के

y se vieron obligados a formular su acusación contra la burguesía en interés de la clase obrera explotada

और वे शोषित मजदूर वर्ग के हित में पूंजीपति वर्ग के खिलाफ अपने अभियोग तैयार करने के लिए बाध्य थे

Así, la aristocracia se vengó cantando sátiras a su nuevo amo

इस प्रकार अभिजात वर्ग ने अपने नए गुरु पर लैंपून गाकर अपना बदला लिया

y se vengaron susurrándole al oído siniestras profecías de catástrofe venidera

और उन्होंने आने वाली तबाही की भयावह भविष्यवाणियों को उसके कानों में फुसफुसाते हुए अपना बदला लिया

De esta manera surgió el socialismo feudal: mitad lamentación, mitad sátira

इस तरह सामंती समाजवाद का उदय हुआ: आधा विलाप, आधा दीपक

Sonaba como medio eco del pasado y proyectaba mitad amenaza del futuro

यह अतीत की आधी गूंज के रूप में बजता है, और भविष्य के आधे खतरे का अनुमान लगाता है

a veces, con su crítica amarga, ingeniosa e incisiva, golpeó a la burguesía hasta la médula

कभी-कभी, अपनी कड़वी, मजाकिया और तीक्ष्ण आलोचना से, इसने पूंजीपति वर्ग को दिल से ही अंदर तक झकझोर दिया

pero siempre fue ridículo en su efecto, por su total incapacidad para comprender la marcha de la historia moderna

लेकिन आधुनिक इतिहास के मार्च को समझने में कुल अक्षमता के माध्यम से यह हमेशा अपने प्रभाव में हास्यास्पद था

La aristocracia, con el fin de atraer al pueblo hacia ellos, agitaba la bolsa de limosnas proletaria delante como una bandera

अभिजात वर्ग ने, लोगों को उनके पास लाने के लिए, सर्वहारा भिक्षा-बैग को एक बैनर के लिए सामने लहराया

Pero el pueblo, tan a menudo como se unía a ellos, veía en sus cuartos traseros los antiguos escudos de armas feudales

लेकिन लोग, जितनी बार यह उनके साथ शामिल हो गया, उनके पीछे के हिस्सों पर हथियारों के पुराने सामंती कोट देखे

y desertaron con carcajadas ruidosas e irreverentes

और वे जोर से और बेअदबी से हँसते हुए चले गए

Un sector de los legitimistas franceses y de la "Joven
Inglaterra" exhibió este espectáculo
फ्रांसीसी वैधतावादियों और "यंग इंग्लैंड" के एक वर्ग ने इस तमाशे का
प्रदर्शन किया

los feudales señalaban que su modo de explotación era
diferente al de la burguesía
सामंतवादियों ने बताया कि उनके शोषण का तरीका पूंजीपति वर्ग से अलग
था

Los feudales olvidan que explotaron en circunstancias y
condiciones muy diferentes
सामंतवादी भूल जाते हैं कि उन्होंने उन परिस्थितियों और परिस्थितियों में
शोषण किया जो काफी अलग थीं

Y no se dieron cuenta de que tales métodos de explotación
ahora son anticuados
और उन्होंने ध्यान नहीं दिया कि शोषण के ऐसे तरीके अब पुरातन हैं

demostraron que, bajo su gobierno, el proletariado moderno
nunca existió
उन्होंने दिखाया कि, उनके शासन के तहत, आधुनिक सर्वहारा वर्ग कभी
अस्तित्व में नहीं था

pero olvidan que la burguesía moderna es el vástago
necesario de su propia forma de sociedad
लेकिन वे भूल जाते हैं कि आधुनिक पूंजीपति वर्ग समाज के अपने स्वयं के
रूप की आवश्यक संतान है

Por lo demás, apenas ocultan el carácter reaccionario de su
crítica
बाकी के लिए, वे शायद ही अपनी आलोचना के प्रतिक्रियावादी चरित्र को
छिपाते हैं

su principal acusación contra la burguesía es la siguiente
पूंजीपति वर्ग के खिलाफ उनका मुख्य आरोप निम्नलिखित है

bajo el régimen de la burguesía se está desarrollando una
clase social
पूंजीपति शासन के तहत एक सामाजिक वर्ग विकसित किया जा रहा है

Esta clase social está destinada a cortar de raíz el viejo orden
de la sociedad
यह सामाजिक वर्ग समाज की पुरानी व्यवस्था को जड़ से काटने और शाखा
बनाने के लिए नियत है

Lo que reprochan a la burguesía no es tanto que cree un proletariado

वे पूंजीपति वर्ग को जिस चीज से उखाड़ फेंकते हैं, वह इतना नहीं है कि वह सर्वहारा वर्ग का निर्माण करे

lo que reprochan a la burguesía es más bien que crea un proletariado revolucionario

वे पूंजीपति वर्ग को और अधिक परेशान करते हैं ताकि यह एक क्रांतिकारी सर्वहारा वर्ग का निर्माण करे

En la práctica política, por lo tanto, se unen a todas las medidas coercitivas contra la clase obrera

राजनीतिक व्यवहार में, इसलिए, वे मजदूर वर्ग के खिलाफ सभी जबरदस्त उपायों में शामिल होते हैं

Y en la vida ordinaria, a pesar de sus frases altisonantes, se inclinan a recoger las manzanas de oro que caen del árbol de la industria

और आम जीवन में, अपने हाईफाल्यूटिन वाक्यांशों के बावजूद, वे उद्योग के पेड़ से गिराए गए सुनहरे सेब लेने के लिए झुक जाते हैं

y trocan la verdad, el amor y el honor por el comercio de lana, azúcar de remolacha y aguardiente de patata

और वे ऊन, चुकंदर-चीनी और आलू की आत्माओं में वाणिज्य के लिए सत्य, प्रेम और सम्मान का आदान-प्रदान करते हैं

Así como el párroco ha ido siempre de la mano con el terrateniente, así también lo ha hecho el socialismo clerical con el socialismo feudal

जैसा कि पार्सन कभी जमींदार के साथ हाथ से चला गया है, इसलिए सामंती समाजवाद के साथ लिपिक समाजवाद है

Nada es más fácil que dar al ascetismo cristiano un tinte socialista

ईसाई तपस्या को समाजवादी रंग देने से आसान कुछ भी नहीं है

¿No ha declamado el cristianismo contra la propiedad privada, contra el matrimonio, contra el Estado?

क्या ईसाई धर्म ने निजी संपत्ति के खिलाफ, विवाह के खिलाफ, राज्य के खिलाफ घोषणा नहीं की है?

¿No ha predicado el cristianismo en lugar de estos, la caridad y la pobreza?

क्या इन के स्थान पर ईसाई धर्म का प्रचार नहीं किया गया है, दान और गरीबी?

¿Acaso el cristianismo no predica el celibato y la mortificación de la carne, la vida monástica y la Madre Iglesia?

क्या ईसाई धर्म ब्रह्मचर्य और मांस के वैराग्य का उपदेश, मठवासी जीवन और मदर चर्च का प्रचार नहीं करता है?

El socialismo cristiano no es más que el agua bendita con la que el sacerdote consagra los ardores del corazón del aristócrata

ईसाई समाजवाद वह पवित्र जल है जिसके साथ पुजारी अभिजात वर्ग के दिल की जलन को पवित्र करता है

b) Socialismo pequeñoburgués
b) क्षुद्र-बुर्जुआ समाजवाद

La aristocracia feudal no fue la única clase arruinada por la burguesía
सामंती अभिजात वर्ग एकमात्र ऐसा वर्ग नहीं था जिसे पूंजीपति वर्ग ने बर्बाद कर दिया था
no fue la única clase cuyas condiciones de existencia languidecieron y perecieron en la atmósfera de la sociedad burguesa moderna
यह एकमात्र ऐसा वर्ग नहीं था जिसके अस्तित्व की परिस्थितियाँ आधुनिक बुर्जुआ समाज के वातावरण में ठिठक गईं और नष्ट हो गईं
Los burgueses medievales y los pequeños propietarios campesinos fueron los precursores de la burguesía moderna
मध्ययुगीन बर्गेस और छोटे किसान मालिक आधुनिक पूंजीपति वर्ग के अग्रदूत थे
En los países poco desarrollados, industrial y comercialmente, estas dos clases siguen vegetando una al lado de la otra
उन देशों में जो औद्योगिक और वाणिज्यिक रूप से बहुत कम विकसित हैं, ये दोनों वर्ग अभी भी साथ-साथ वनस्पति हैं
y mientras tanto la burguesía se levanta junto a ellos: industrial, comercial y políticamente
और इस बीच पूंजीपति वर्ग उनके बगल में उठ खड़ा होता है: औद्योगिक, व्यावसायिक और राजनीतिक रूप से
En los países donde la civilización moderna se ha desarrollado plenamente, se ha formado una nueva clase de pequeña burguesía
जिन देशों में आधुनिक सभ्यता पूरी तरह विकसित हो चुकी है, वहाँ क्षुद्र बुर्जुआ वर्ग का एक नया वर्ग खड़ा हो गया है
esta nueva clase social fluctúa entre el proletariado y la burguesía
यह नया सामाजिक वर्ग सर्वहारा वर्ग और पूंजीपति वर्ग के बीच उतार-चढ़ाव करता है
y siempre se renueva como parte complementaria de la sociedad burguesa

और यह हमेशा बुर्जुआ समाज के पूरक हिस्से के रूप में खुद को नवीनीकृत कर रहा है

Sin embargo, los miembros individuales de esta clase son constantemente arrojados al proletariado

लेकिन इस वर्ग के अलग-अलग सदस्यों को लगातार सर्वहारा वर्ग में धकेला जा रहा है

son absorbidos por el proletariado a través de la acción de la competencia

उन्हें प्रतिस्पर्धा की कार्रवाई के माध्यम से सर्वहारा वर्ग द्वारा चूसा जाता है

A medida que la industria moderna se desarrolla, incluso ven acercarse el momento en que desaparecerán por completo como sección independiente de la sociedad moderna

जैसे-जैसे आधुनिक उद्योग विकसित होता है, वे उस क्षण को भी देखते हैं जब वे आधुनिक समाज के एक स्वतंत्र खंड के रूप में पूरी तरह से गायब हो जाएंगे

Serán reemplazados, en las manufacturas, la agricultura y el comercio, por vigilantes, alguaciles y tenderos

उन्हें विनिर्माण, कृषि और वाणिज्य में, अनदेखी, बेलिफ और दुकानदारों द्वारा प्रतिस्थापित किया जाएगा

En países como Francia, donde los campesinos constituyen mucho más de la mitad de la población

फ्रांस जैसे देशों में, जहां किसान आबादी के आधे से अधिक का गठन करते हैं

era natural que hubiera escritores que se pusieran del lado del proletariado contra la burguesía

यह स्वाभाविक था कि ऐसे लेखक हैं जिन्होंने पूंजीपति वर्ग के खिलाफ सर्वहारा वर्ग का पक्ष लिया

en su crítica al régimen burgués utilizaron el estandarte de la pequeña burguesía campesina

पूंजीपति शासन की अपनी आलोचना में उन्होंने किसान और क्षुद्र पूंजीपति वर्ग के मानक का इस्तेमाल किया

Y desde el punto de vista de estas clases intermedias, toman el garrote de la clase obrera

और इन मध्यवर्ती वर्गों के दृष्टिकोण से वे मजदूर वर्ग के लिए कुदाल लेते हैं

Así surgió el socialismo pequeñoburgués, del que Sismondi era el jefe de esta escuela, no sólo en Francia, sino también en Inglaterra

इस प्रकार क्षुद्र-बुर्जुआ समाजवाद का उदय हुआ, जिसमें से सिसमोंडी इस स्कूल के प्रमुख थे, न केवल फ्रांस में बल्कि इंग्लैंड में भी

Esta escuela del socialismo diseccionó con gran agudeza las contradicciones de las condiciones de producción moderna

समाजवाद के इस स्कूल ने आधुनिक उत्पादन की स्थितियों में विरोधाभासों को बड़ी तीव्रता के साथ विच्छेदित किया

Esta escuela puso al descubierto las apologías hipócritas de los economistas

इस स्कूल ने अर्थशास्त्रियों की पाखंडी माफी का पर्दाफाश किया

Esta escuela demostró, incontrovertiblemente, los efectos desastrosos de la maquinaria y de la división del trabajo

इस स्कूल ने मशीनरी और श्रम विभाजन के विनाशकारी प्रभावों को निर्विवाद रूप से साबित कर दिया

Probó la concentración del capital y de la tierra en pocas manos

इसने कुछ हाथों में पूंजी और भूमि की एकाग्रता साबित कर दी

demostró cómo la sobreproducción conduce a las crisis de la burguesía

यह साबित हुआ कि कैसे अतिउत्पादन बुर्जुआ संकट की ओर ले जाता है

señalaba la ruina inevitable de la pequeña burguesía y del campesino

इसने क्षुद्र पूंजीपति वर्ग और किसान की अपरिहार्य बर्बादी की ओर इशारा किया

la miseria del proletariado, la anarquía en la producción, las desigualdades flagrantes en la distribución de la riqueza

सर्वहारा वर्ग का दुख, उत्पादन में अराजकता, धन के वितरण में रोना असमानता

Mostró cómo el sistema de producción lidera la guerra industrial de exterminio entre naciones

इसने दिखाया कि कैसे उत्पादन की प्रणाली राष्ट्रों के बीच विनाश के औद्योगिक युद्ध का नेतृत्व करती है

la disolución de los viejos lazos morales, de las viejas relaciones familiares, de las viejas nacionalidades

पुराने नैतिक बंधनों का विघटन, पुराने पारिवारिक संबंधों का, पुरानी राष्ट्रीयताओं का

Sin embargo, en sus objetivos positivos, esta forma de socialismo aspira a lograr una de dos cosas

अपने सकारात्मक उद्देश्यों में, हालांकि, समाजवाद का यह रूप दो चीजों में से एक को प्राप्त करने की इच्छा रखता है

o bien pretende restaurar los antiguos medios de producción y de intercambio

या तो इसका उद्देश्य उत्पादन और विनिमय के पुराने साधनों को बहाल करना है

y con los viejos medios de producción restauraría las viejas relaciones de propiedad y la vieja sociedad

और उत्पादन के पुराने साधनों के साथ यह पुराने संपत्ति संबंधों और पुराने समाज को बहाल करेगा

o pretende apretar los medios modernos de producción e intercambio en el viejo marco de las relaciones de propiedad

या इसका उद्देश्य संपत्ति संबंधों के पुराने ढांचे में उत्पादन और विनिमय के आधुनिक साधनों को कुचलना है

En cualquier caso, es a la vez reaccionario y utópico

किसी भी मामले में, यह प्रतिक्रियावादी और यूटोपियन दोनों है

Sus últimas palabras son: gremios corporativos para la manufactura, relaciones patriarcales en la agricultura

इसके अंतिम शब्द हैं: कृषि में निर्माण, पितृसत्तात्मक संबंधों के लिए कॉर्पोरेट गिल्ड

En última instancia, cuando los obstinados hechos históricos habían dispersado todos los efectos embriagadores del autoengaño

अंततः, जब जिद्दी ऐतिहासिक तथ्यों ने आत्म-धोखे के सभी नशीले प्रभावों को तितर-बितर कर दिया था

esta forma de socialismo terminó en un miserable ataque de lástima

समाजवाद का यह रूप दया के एक दयनीय फिट में समाप्त हो गया

c) Socialismo alemán o "verdadero"
ग) जर्मन, या "सच," समाजवाद

La literatura socialista y comunista de Francia se originó
bajo la presión de una burguesía en el poder
फ्रांस के समाजवादी और कम्युनिस्ट साहित्य सत्ता में एक पूंजीपति वर्ग के
दबाव में उत्पन्न हुआ
Y esta literatura era la expresión de la lucha contra este
poder
और यह साहित्य इस शक्ति के खिलाफ संघर्ष की अभिव्यक्ति थी
se introdujo en Alemania en un momento en que la
burguesía acababa de comenzar su lucha contra el
absolutismo feudal
यह जर्मनी में ऐसे समय में पेश किया गया था जब पूंजीपति वर्ग ने सामंती
निरंकुशता के साथ अपनी प्रतियोगिता शुरू की थी
Los filósofos alemanes, los aspirantes a filósofos y los beaux
esprits, se apoderaron con avidez de esta literatura
जर्मन दार्शनिक, दार्शनिक और बीक्स एस्प्रिट्स, उत्सुकता से इस साहित्य
पर कब्जा कर लिया
pero olvidaron que los escritos emigraron de Francia a
Alemania sin traer consigo las condiciones sociales francesas
लेकिन वे भूल गए कि लेखन फ्रांसीसी सामाजिक परिस्थितियों को साथ लाए
बिना फ्रांस से जर्मनी में आ गया
En contacto con las condiciones sociales alemanas, esta
literatura francesa perdió toda su significación práctica
inmediata
जर्मन सामाजिक परिस्थितियों के संपर्क में, इस फ्रांसीसी साहित्य ने अपने
सभी तात्कालिक व्यावहारिक महत्व खो दिए
y la literatura comunista de Francia asumió un aspecto
puramente literario en los círculos académicos alemanes
और फ्रांस के कम्युनिस्ट साहित्य ने जर्मन अकादमिक हलकों में एक विशुद्ध
साहित्यिक पहलू ग्रहण किया
Así, las exigencias de la primera Revolución Francesa no
eran más que las exigencias de la "Razón Práctica"
इस प्रकार, पहली फ्रांसीसी क्रांति की मांग "व्यावहारिक कारण" की मांगों से
ज्यादा कुछ नहीं थी

y la expresión de la voluntad de la burguesía revolucionaria
francesa significaba a sus ojos la ley de la voluntad pura
और क्रांतिकारी फ्रांसीसी पूंजीपति वर्ग की इच्छा के कथन ने उनकी आंखों
में शुद्ध इच्छा के कानून का संकेत दिया
significaba la Voluntad tal como estaba destinada a ser; de la
verdadera Voluntad humana en general
इसने विल को दर्शाया जैसा कि यह होना ही था; आम तौर पर सच्ची मानव
इच्छा का
El mundo de los literatos alemanes consistía únicamente en
armonizar las nuevas ideas francesas con su antigua
conciencia filosófica
जर्मन साहित्यकारों की दुनिया पूरी तरह से नए फ्रांसीसी विचारों को अपने
प्राचीन दार्शनिक विवेक के अनुरूप लाने में शामिल थी
o mejor dicho, se anexionaron las ideas francesas sin
abandonar su propio punto de vista filosófico
या यों कहें, उन्होंने अपने स्वयं के दार्शनिक दृष्टिकोण को छोड़े बिना
फ्रांसीसी विचारों को जोड़ दिया
Esta anexión se llevó a cabo de la misma manera en que se
apropia una lengua extranjera, es decir, por traducción
यह अनुलग्रक उसी तरह से हुआ जिसमें एक विदेशी भाषा को विनियोजित
किया जाता है, अर्थात्, अनुवाद द्वारा
Es bien sabido cómo los monjes escribieron vidas tontas de
santos católicos sobre manuscritos
यह सर्वविदित है कि भिक्षुओं ने पांडुलिपियों पर कैथोलिक संतों के
मूर्खतापूर्ण जीवन को कैसे लिखा
los manuscritos sobre los que se habían escrito las obras
clásicas del antiguo paganismo
पांडुलिपियां जिन पर प्राचीन हीथेंडम के शास्त्रीय कार्य लिखे गए थे
Los literatos alemanes invirtieron este proceso con la
literatura profana francesa
जर्मन साहित्यकारों ने अपवित्र फ्रांसीसी साहित्य के साथ इस प्रक्रिया को
उलट दिया
Escribieron sus tonterías filosóficas bajo el original francés
उन्होंने फ्रांसीसी मूल के नीचे अपनी दार्शनिक बकवास लिखी
Por ejemplo, debajo de la crítica francesa a las funciones
económicas del dinero, escribieron "Alienación de la
humanidad"

उदाहरण के लिए, पैसे के आर्थिक कार्यों की फ्रांसीसी आलोचना के तहत, उन्होंने "मानवता का अलगाव" लिखा

debajo de la crítica francesa al Estado burgués escribieron "destronamiento de la categoría de general"

पूंजीपति राज्य की फ्रांसीसी आलोचना के तहत उन्होंने लिखा "जनरल की श्रेणी का गद्दी"

La introducción de estas frases filosóficas en el reverso de las críticas históricas francesas las denominó:

फ्रांसीसी ऐतिहासिक आलोचनाओं के पीछे इन दार्शनिक वाक्यांशों की शुरूआत उन्होंने डब की:

"Filosofía de la acción", "Socialismo verdadero", "Ciencia alemana del socialismo", "Fundamentos filosóficos del socialismo", etc

"कार्रवाई का दर्शन," "सच्चा समाजवाद," "समाजवाद का जर्मन विज्ञान," "समाजवाद का दार्शनिक फाउंडेशन," और इसी तरह

De este modo, la literatura socialista y comunista francesa quedó completamente castrada

फ्रांसीसी समाजवादी और कम्युनिस्ट साहित्य इस प्रकार पूरी तरह से नपुंसक हो गया था

en manos de los filósofos alemanes dejó de expresar la lucha de una clase con la otra

जर्मन दार्शनिकों के हाथों में यह एक वर्ग के संघर्ष को दूसरे के साथ व्यक्त करना बंद कर दिया

y así los filósofos alemanes se sintieron conscientes de haber superado la "unilateralidad francesa"

और इसलिए जर्मन दार्शनिकों ने "फ्रांसीसी एकतरफापन" पर काबू पाने के प्रति सचेत महसूस किया

no tenía que representar requisitos verdaderos, sino que representaba requisitos de verdad

इसे सच्ची आवश्यकताओं का प्रतिनिधित्व करने की आवश्यकता नहीं थी, बल्कि, यह सत्य की आवश्यकताओं का प्रतिनिधित्व करता था

no había interés en el proletariado, más bien, había interés en la Naturaleza Humana

सर्वहारा वर्ग में कोई रुचि नहीं थी, बल्कि, मानव स्वभाव में रुचि थी

el interés estaba en el Hombre en general, que no pertenece a ninguna clase y no tiene realidad

रुचि सामान्य रूप से मनुष्य में थी, जो किसी वर्ग का नहीं है, और कोई वास्तविकता नहीं है

Un hombre que sólo existe en el brumoso reino de la fantasía filosófica

एक आदमी जो केवल दार्शनिक कल्पना के धुंधले दायरे में मौजूद है

pero con el tiempo este colegial socialismo alemán también perdió su inocencia pedante

लेकिन अंततः इस स्कूली छात्र जर्मन समाजवाद ने भी अपनी पांडित्यपूर्ण मासूमियत खो दी

la burguesía alemana, y especialmente la burguesía prusiana, lucharon contra la aristocracia feudal

जर्मन पूंजीपति वर्ग, और विशेष रूप से प्रशिया पूंजीपति वर्ग ने सामंती अभिजात वर्ग के खिलाफ लड़ाई लड़ी

la monarquía absoluta de Alemania y Prusia también estaba siendo combatida

जर्मनी और प्रशिया की पूर्ण राजशाही के खिलाफ भी लड़ाई लड़ी जा रही थी

Y a su vez, la literatura del movimiento liberal también se hizo más seria

और बदले में, उदारवादी आंदोलन का साहित्य भी अधिक गंभीर हो गया

Se le ofreció a Alemania la tan deseada oportunidad del "verdadero" socialismo

"सच्चे" समाजवाद के लिए जर्मनी के लंबे समय से वांछित अवसर की पेशकश की गई थी

la oportunidad de confrontar al movimiento político con las reivindicaciones socialistas

समाजवादी मांगों के साथ राजनीतिक आंदोलन का सामना करने का अवसर

la oportunidad de lanzar los anatemas tradicionales contra el liberalismo

उदारवाद के खिलाफ पारंपरिक अभिशाप फेंकने का अवसर

la oportunidad de atacar al gobierno representativo y a la competencia burguesa

प्रतिनिधि सरकार और पूंजीपति वर्ग प्रतियोगिता पर हमला करने का अवसर

Libertad de prensa burguesa, Legislación burguesa, Libertad e igualdad burguesa

प्रेस की बुर्जुआ स्वतंत्रता, बुर्जुआं कानून, बुर्जुआ स्वतंत्रता और समानता

Todo esto ahora podría ser criticado en el mundo real, en lugar de en la fantasía

इन सभी की अब कल्पना के बजाय वास्तविक दुनिया में आलोचना की जा सकती है

La aristocracia feudal y la monarquía absoluta habían predicado durante mucho tiempo a las masas

सामंती अभिजात वर्ग और पूर्ण राजशाही ने लंबे समय तक जनता को प्रचार किया था

"El obrero no tiene nada que perder y tiene todo que ganar"

"काम करने वाले आदमी के पास खोने के लिए कुछ नहीं है, और उसके पास पाने के लिए सब कुछ है।

el movimiento burgués también ofrecía la oportunidad de hacer frente a estos tópicos

पूंजीपति आंदोलन ने भी इन प्लैटिट्यूड्स का सामना करने का मौका दिया

la crítica francesa presuponía la existencia de la sociedad burguesa moderna

फ्रांसीसी आलोचना ने आधुनिक बुर्जुआ समाज के अस्तित्व को पूर्ववत किया

Las condiciones económicas de existencia de la burguesía y la constitución política de la burguesía

अस्तित्व की बुर्जुआ आर्थिक स्थिति और बुर्जुआ राजनीतिक संविधान

las mismas cosas cuya consecución era el objeto de la lucha pendiente en Alemania

वही चीजें जिनकी प्राप्ति जर्मनी में लंबित संघर्ष का उद्देश्य थी

El estúpido eco del socialismo alemán abandonó estos objetivos justo a tiempo

जर्मनी की समाजवाद की मूर्खतापूर्ण गूंज ने इन लक्ष्यों को ठीक समय पर छोड़ दिया

Los gobiernos absolutos tenían sus seguidores de párrocos, profesores, escuderos y funcionarios

निरपेक्ष सरकारों के पास पार्सन्स, प्रोफेसरों, देश के स्कायर और अधिकारियों का अनुसरण था

el gobierno de la época se enfrentó a los levantamientos de la clase obrera alemana con azotes y balas

उस समय की सरकार ने जर्मन मजदूर वर्ग के उदय को कोड़े और गोलियों से पूरा किया

para ellos este socialismo servía de espantapájaros contra la burguesía amenazadora

उनके लिए इस समाजवाद ने धमकी देने वाले पूंजीपति वर्ग के खिलाफ एक स्वागत योग्य बिजूका के रूप में कार्य किया

y el gobierno alemán pudo ofrecer un postre dulce después de las píldoras amargas que repartió

और जर्मन सरकार कड़वी गोलियों के बाद एक मीठी मिठाई की पेशकश करने में सक्षम थी

este "verdadero" socialismo servía así a los gobiernos como arma para combatir a la burguesía alemana

इस "सच्चे" समाजवाद ने इस प्रकार सरकारों को जर्मन पूंजीपति वर्ग से लड़ने के लिए एक हथियार के रूप में सेवा दी

y, al mismo tiempo, representaba directamente un interés reaccionario; la de los filisteos alemanes

और, एक ही समय में, यह सीधे एक प्रतिक्रियावादी हित का प्रतिनिधित्व किया; जर्मन पलिशितयों की

En Alemania, la pequeña burguesía es la verdadera base social del actual estado de cosas

जर्मनी में क्षुद्र बुर्जुआ वर्ग मौजूदा स्थिति का वास्तविक सामाजिक आधार है

Una reliquia del siglo XVI que ha ido surgiendo constantemente bajo diversas formas

सोलहवीं शताब्दी का एक अवशेष जो लगातार विभिन्न रूपों में सामने आ रहा है

Preservar esta clase es preservar el estado de cosas existente en Alemania

इस वर्ग को संरक्षित करना जर्मनी में चीजों की मौजूदा स्थिति को संरक्षित करना है

La supremacía industrial y política de la burguesía amenaza a la pequeña burguesía con una destrucción segura

पूंजीपति वर्ग का औद्योगिक और राजनीतिक वर्चस्व क्षुद्र पूंजीपति वर्ग को कुछ विनाश की धमकी देता है

por un lado, amenaza con destruir a la pequeña burguesía a través de la concentración del capital

एक ओर, यह पूंजी की एकाग्रता के माध्यम से क्षुद्र पूंजीपति वर्ग को नष्ट करने की धमकी देता है

por otra parte, la burguesía amenaza con destruirla mediante el ascenso de un proletariado revolucionario

दूसरी ओर, पूंजीपति वर्ग एक क्रांतिकारी सर्वहारा वर्ग के उदय के माध्यम से इसे नष्ट करने की धमकी देता है

El "verdadero" socialismo parecía matar estos dos pájaros de un tiro. Se extendió como una epidemia

"सच है" समाजवाद इन दो पक्षियों को एक पत्थर से मारता दिखाई दिया।
यह एक महामारी की तरह फैल गया

El manto de telarañas especulativas, bordado con flores de
retórica, empapado en el rocío de un sentimiento enfermizo
सट्टा मकड़ी के जाले का बागे, बयानबाजी के फूलों के साथ कशीदाकारी,
बीमार भावना की ओस में डूबा हुआ

esta túnica trascendental en la que los socialistas alemanes
envolvían sus tristes "verdades eternas"
यह पारलौकिक वस्त्र जिसमें जर्मन समाजवादियों ने अपने खेदजनक
"शाश्वत सत्य" को लपेट लिया

toda la piel y los huesos, sirvieron para aumentar
maravillosamente la venta de sus productos entre un público
tan
सभी त्वचा और हड्डी, इस तरह के एक जनता के बीच अपने माल की बिक्री
में आश्चर्यजनक वृद्धि करने के लिए सेवा की

Y por su parte, el socialismo alemán reconocía, cada vez más,
su propia vocación
और अपनी ओर से, जर्मन समाजवाद ने अधिक से अधिक, अपनी बुलाहट
को मान्यता दी

estaba llamado a ser el grandilocuente representante de la
pequeña burguesía filistea
इसे क्षुद्र-बुर्जुआ पलिश्ती का बमबारी प्रतिनिधि कहा जाता था

Proclamaba que la nación alemana era la nación modelo, y
que el pequeño filisteo alemán era el hombre modelo
इसने जर्मन राष्ट्र को आदर्श राष्ट्र घोषित किया, और जर्मन क्षुद्र पलिश्ती को
आदर्श व्यक्ति घोषित किया

A cada maldad malvada de este hombre modelo le daba una
interpretación socialista oculta y superior
इस मॉडल आदमी के हर खलनायक मतलबी को इसने एक छिपी हुई,
उच्चतर, समाजवादी व्याख्या दी

esta interpretación socialista superior era exactamente lo
contrario de su carácter real
यह उच्चतर, समाजवादी व्याख्या इसके वास्तविक चरित्र के बिल्कुल विपरीत
थी

Llegó al extremo de oponerse directamente a la tendencia
"brutalmente destructiva" del comunismo

यह साम्यवाद की "क्रूरता से विनाशकारी" प्रवृत्ति का सीधे विरोध करने की चरम सीमा तक चला गया

y proclamó su supremo e imparcial desprecio de todas las luchas de clases

और यह सभी वर्ग संघर्ष के अपने सर्वोच्च और निष्पक्ष अवमानना की घोषणा की

Con muy pocas excepciones, todas las publicaciones llamadas socialistas y comunistas que ahora (1847) circulan en Alemania pertenecen al dominio de esta literatura sucia y enervante

बहुत कम अपवादों के साथ, सभी तथाकथित समाजवादी और कम्युनिस्ट प्रकाशन जो अब (1847) जर्मनी में प्रसारित होते हैं, इस बेईमानी और उत्साही साहित्य के क्षेत्र से संबंधित हैं

2) Socialismo conservador o socialismo burgués
2) रूढ़िवादी समाजवाद, या बुर्जुआ समाजवाद

Una parte de la burguesía está deseosa de reparar los agravios sociales

पूंजीपति वर्ग का एक हिस्सा सामाजिक शिकायतों के निवारण का इच्छुक है

con el fin de asegurar la continuidad de la sociedad burguesa

बुर्जुआ समाज के निरंतर अस्तित्व को सुरक्षित करने के लिए

A esta sección pertenecen economistas, filántropos, humanistas

इस वर्ग में अर्थशास्त्री, परोपकारी, मानवतावादी हैं

mejoradores de la condición de la clase obrera y organizadores de la caridad

मजदूर वर्ग और दान के आयोजकों की स्थिति में सुधार

Miembros de las Sociedades para la Prevención de la Crueldad contra los Animales

जानवरों के प्रति क्रूरता की रोकथाम के लिए सोसायटी के सदस्य

fanáticos de la templanza, reformadores de todo tipo imaginable

संयम कट्टरपंथी, हर कल्पनीय प्रकार के छेद-और-कोने सुधारक

Esta forma de socialismo, además, ha sido elaborada en sistemas completos

समाजवाद के इस रूप को, इसके अलावा, पूर्ण प्रणालियों में काम किया गया है

Podemos citar la "Philosophie de la Misère" de Proudhon como ejemplo de esta forma

हम इस रूप के उदाहरण के रूप में प्राउडॉन के "फिलॉसफी डे ला मिसेरे" का हवाला दे सकते हैं

La burguesía socialista quiere todas las ventajas de las condiciones sociales modernas

समाजवादी पूंजीपति वर्ग आधुनिक सामाजिक परिस्थितियों के सभी लाभ चाहते हैं

pero la burguesía socialista no quiere necesariamente las luchas y los peligros resultantes

लेकिन समाजवादी पूंजीपति वर्ग जरूरी नहीं कि परिणामी संघर्ष और खतरे चाहते हैं

Desean el estado actual de la sociedad, menos sus elementos revolucionarios y desintegradores

वे समाज की मौजूदा स्थिति की इच्छा रखते हैं, इसके क्रांतिकारी और विघटनकारी तत्वों को छोड़कर

en otras palabras, desean una burguesía sin proletariado

दूसरे शब्दों में, वे सर्वहारा वर्ग के बिना एक पूंजीपति वर्ग की कामना करते हैं

La burguesía concibe naturalmente el mundo en el que es supremo ser el mejor

पूंजीपति स्वाभाविक रूप से उस दुनिया की कल्पना करते हैं जिसमें सर्वश्रेष्ठ होना सर्वोच्च है

y el socialismo burgués desarrolla esta cómoda concepción en varios sistemas más o menos completos

और बुर्जुआ समाजवाद इस आरामदायक अवधारणा को विभिन्न कम या ज्यादा पूर्ण प्रणालियों में विकसित करता है

les gustaría mucho que el proletariado marchara directamente hacia la Nueva Jerusalén social

वे सर्वहारा वर्ग को सीधे सामाजिक नए यरूशलेम में मार्च करना पसंद करेंगे

pero en realidad requiere que el proletariado permanezca dentro de los límites de la sociedad existente

लेकिन वास्तव में सर्वहारा वर्ग को मौजूदा समाज की सीमा के भीतर रहने की आवश्यकता है

piden al proletariado que abandone todas sus ideas odiosas sobre la burguesía

वे सर्वहारा वर्ग से पूंजीपति वर्ग के संबंध में अपने सभी घृणित विचारों को दूर करने के लिए कहते हैं

hay una segunda forma más práctica, pero menos sistemática, de este socialismo

इस समाजवाद का एक और अधिक व्यावहारिक, लेकिन कम व्यवस्थित रूप है

Esta forma de socialismo buscaba despreciar todo movimiento revolucionario a los ojos de la clase obrera

समाजवाद के इस रूप श्रमिक वर्ग की नजर में हर क्रांतिकारी आंदोलन मूल्यह्रास करने की मांग की

Argumentan que ninguna mera reforma política podría ser ventajosa para ellos

उनका तर्क है कि केवल राजनीतिक सुधार से उन्हें कोई फायदा नहीं हो सकता

Sólo un cambio en las condiciones materiales de existencia en las relaciones económicas es beneficioso

आर्थिक संबंधों में अस्तित्व की भौतिक स्थितियों में बदलाव ही लाभ का है

Al igual que el comunismo, esta forma de socialismo aboga por un cambio en las condiciones materiales de existencia

साम्यवाद की तरह, समाजवाद का यह रूप अस्तित्व की भौतिक स्थितियों में बदलाव की वकालत करता है

sin embargo, esta forma de socialismo no sugiere en modo alguno la abolición de las relaciones de producción burguesas

हालांकि, समाजवाद का यह रूप किसी भी तरह से उत्पादन के पूंजीपति संबंधों के उन्मूलन का सुझाव नहीं देता है

la abolición de las relaciones de producción burguesas sólo puede lograrse mediante una revolución

उत्पादन के पूंजीपति संबंधों का उन्मूलन केवल एक क्रांति के माध्यम से प्राप्त किया जा सकता है

Pero en lugar de una revolución, esta forma de socialismo sugiere reformas administrativas

लेकिन एक क्रांति के बजाय, समाजवाद का यह रूप प्रशासनिक सुधारों का सुझाव देता है

y estas reformas administrativas se basarían en la continuidad de estas relaciones

और ये प्रशासनिक सुधार इन संबंधों के निरंतर अस्तित्व पर आधारित होंगे

reformas, por lo tanto, que no afectan en ningún aspecto a las relaciones entre el capital y el trabajo

इसलिए, जो किसी भी संबंध में पूंजी और श्रम के बीच संबंधों को प्रभावित नहीं करते हैं

en el mejor de los casos, tales reformas disminuyen el costo y simplifican el trabajo administrativo del gobierno burgués

सबसे अच्छा, इस तरह के सुधार लागत को कम करते हैं और पूंजीपति सरकार के प्रशासनिक कार्य को सरल बनाते हैं

El socialismo burgués alcanza una expresión adecuada cuando, y sólo cuando, se convierte en una mera figura retórica

बुर्जुआ समाजवाद पर्याप्त अभिव्यक्ति प्राप्त करता है, जब, और केवल तब, यह भाषण का एक मात्र आंकड़ा बन जाता है

Libre comercio: en beneficio de la clase obrera

मुक्त व्यापार: श्रमिक वर्ग के लाभ के लिए

Deberes protectores: en beneficio de la clase obrera

सुरक्षात्मक कर्तव्यों: श्रमिक वर्ग के लाभ के लिए

Reforma Penitenciaria: en beneficio de la clase trabajadora

जेल सुधार: श्रमिक वर्ग के लाभ के लिए

Esta es la última palabra y la única palabra seria del socialismo burgués

यह बुर्जुआ समाजवाद का अंतिम और एकमात्र गंभीर अर्थ शब्द है

Se resume en la frase: la burguesía es una burguesía en beneficio de la clase obrera

यह वाक्यांश में अभिव्यक्त किया गया है: पूंजीपति वर्ग मजदूर वर्ग के लाभ के लिए एक पूंजीपति वर्ग है

3) Socialismo crítico-utópico y comunismo
3) क्रिटिकल-यूटोपियन समाजवाद और साम्यवाद

No nos referimos aquí a esa literatura que siempre ha dado voz a las reivindicaciones del proletariado

हम यहां उस साहित्य का उल्लेख नहीं कर रहे हैं जिसने हमेशा सर्वहारा वर्ग की मांगों को आवाज दी है

esto ha estado presente en todas las grandes revoluciones modernas, como los escritos de Babeuf y otros

यह हर महान आधुनिक क्रांति में मौजूद रहा है, जैसे कि बाबूफ और अन्य के लेखन

Las primeras tentativas directas del proletariado para alcanzar sus propios fines fracasaron necesariamente

सर्वहारा वर्ग के अपने लक्ष्यों को प्राप्त करने के पहले प्रत्यक्ष प्रयास आवश्यक रूप से विफल रहे

Estos intentos se hicieron en tiempos de excitación universal, cuando la sociedad feudal estaba siendo derrocada

ये प्रयास सार्वभौमिक उत्तेजना के समय में किए गए थे, जब सामंती समाज को उखाड़ फेंका जा रहा था

El entonces subdesarrollado del proletariado llevó a que fracasaran esos intentos

सर्वहारा वर्ग की तत्कालीन अविकसित अवस्था ने उन प्रयासों को विफल कर दिया

y fracasaron por la ausencia de las condiciones económicas para su emancipación

और वे इसकी मुक्ति के लिए आर्थिक परिस्थितियों की अनुपस्थिति के कारण विफल रहे

condiciones que aún no se habían producido, y que sólo podían ser producidas por la inminente época de la burguesía

ऐसी स्थितियाँ जो अभी तक उत्पन्न नहीं हुई थीं, और अकेले आसन्न बुर्जुआ युग द्वारा उत्पादित की जा सकती थीं

La literatura revolucionaria que acompañó a estos primeros movimientos del proletariado tuvo necesariamente un carácter reaccionario

सर्वहारा वर्ग के इन पहले आंदोलनों के साथ जो क्रांतिकारी साहित्य था, उसमें अनिवार्य रूप से एक प्रतिक्रियावादी चरित्र था

Esta literatura inculcó el ascetismo universal y la nivelación social en su forma más cruda

इस साहित्य ने सार्वभौमिक तपस्या और सामाजिक स्तर को अपने क्रूरतम रूप में विकसित किया

Los sistemas socialista y comunista, propiamente dichos, surgen en el período temprano no desarrollado

समाजवादी और कम्युनिस्ट प्रणाली, ठीक से तथाकथित, प्रारंभिक अविकसित काल में अस्तित्व में वसंत

Saint-Simon, Fourier, Owen y otros, describieron la lucha entre el proletariado y la burguesía (ver sección 1)

सेंट-साइमन, फूरियर, ओवेन और अन्य ने सर्वहारा वर्ग और पूंजीपति वर्ग के बीच संघर्ष का वर्णन किया (धारा 1 देखें)

Los fundadores de estos sistemas ven, en efecto, los antagonismos de clase

इन प्रणालियों के संस्थापक, वास्तव में, वर्ग विरोध देखते हैं

también ven la acción de los elementos en descomposición, en la forma predominante de la sociedad

वे समाज के प्रचलित रूप में विघटित तत्वों की कार्रवाई को भी देखते हैं

Pero el proletariado, todavía en su infancia, les ofrece el espectáculo de una clase sin ninguna iniciativa histórica

लेकिन सर्वहारा वर्ग, अभी तक अपनी प्रारंभिक अवस्था में, उन्हें बिना किसी ऐतिहासिक पहल के एक वर्ग का तमाशा पेश करता है

Ven el espectáculo de una clase social sin ningún movimiento político independiente

वे बिना किसी स्वतंत्र राजनीतिक आंदोलन के एक सामाजिक वर्ग का तमाशा देखते हैं

El desarrollo del antagonismo de clase sigue el mismo ritmo que el desarrollo de la industria

वर्ग विरोध का विकास उद्योग के विकास के साथ तालमेल बिठाता है

De modo que la situación económica no les ofrece todavía las condiciones materiales para la emancipación del proletariado

इसलिए आर्थिक स्थिति अभी तक उन्हें सर्वहारा वर्ग की मुक्ति के लिए भौतिक परिस्थितियों की पेशकश नहीं करती है

Por lo tanto, buscan una nueva ciencia social, nuevas leyes sociales, que creen estas condiciones

इसलिए वे एक नए सामाजिक विज्ञान की खोज करते हैं, नए सामाजिक कानूनों के बाद, जो इन स्थितियों को बनाने के लिए हैं

acción histórica es ceder a su acción inventiva personal

ऐतिहासिक कार्रवाई उनकी व्यक्तिगत आविष्कारशील कार्रवाई के लिए उपज है

Las condiciones de emancipación creadas históricamente han de ceder ante condiciones fantásticas

ऐतिहासिक रूप से निर्मित मुक्ति की स्थितियां शानदार परिस्थितियों के सामने झुकना है

y la organización gradual y espontánea de clase del proletariado debe ceder ante la organización de la sociedad

और सर्वहारा वर्ग का क्रमिक, स्वतःस्फूर्त वर्ग-संगठन समाज के संगठन के सामने झुक जाना है

la organización de la sociedad especialmente ideada por estos inventores

इन आविष्कारकों द्वारा विशेष रूप से विकसित समाज का संगठन

La historia futura se resuelve, a sus ojos, en la propaganda y en la realización práctica de sus planes sociales

भविष्य का इतिहास उनकी नज़र में, प्रचार और उनकी सामाजिक योजनाओं को व्यावहारिक रूप से पूरा करने में खुद को हल करता है

En la formación de sus planes son conscientes de preocuparse principalmente por los intereses de la clase obrera

अपनी योजनाओं के निर्माण में वे मुख्य रूप से मजदूर वर्ग के हितों की देखभाल करने के प्रति सचेत हैं

Sólo desde el punto de vista de ser la clase más sufriente existe el proletariado para ellos

केवल सबसे पीड़ित वर्ग होने के दृष्टिकोण से ही सर्वहारा वर्ग उनके लिए मौजूद है

El estado subdesarrollado de la lucha de clases y su propio entorno informan sus opiniones

वर्ग संघर्ष की अविकसित स्थिति और उनके अपने परिवेश उनकी राय को सूचित करते हैं

Los socialistas de este tipo se consideran muy superiores a todos los antagonismos de clase

इस तरह के समाजवादी खुद को सभी वर्ग विरोधों से कहीं बेहतर मानते हैं

Quieren mejorar la condición de todos los miembros de la sociedad, incluso la de los más favorecidos

वे समाज के प्रत्येक सदस्य की स्थिति में सुधार करना चाहते हैं, यहां तक कि सबसे पसंदीदा की भी

De ahí que habitualmente atraigan a la sociedad en general, sin distinción de clase

इसलिए, वे आदतन वर्ग के भेद के बिना, बड़े पैमाने पर समाज से अपील करते हैं

Es más, apelan a la sociedad en general con preferencia a la clase dominante

नहीं, वे शासक वर्ग को वरीयता देकर बड़े पैमाने पर समाज से अपील करते हैं

Para ellos, todo lo que se requiere es que los demás entiendan su sistema

उनके लिए, केवल दूसरों को उनकी प्रणाली को समझने की आवश्यकता है

Porque, ¿cómo puede la gente no ver que el mejor plan posible es para el mejor estado posible de la sociedad?

क्योंकि लोग यह देखने में कैसे विफल हो सकते हैं कि समाज की सर्वोत्तम संभव स्थिति के लिए सर्वोत्तम संभव योजना है?

Por lo tanto, rechazan toda acción política, y especialmente toda acción revolucionaria

इसलिए, वे सभी राजनीतिक, और विशेष रूप से सभी क्रांतिकारी, कार्रवाई को अस्वीकार करते हैं

desean alcanzar sus fines por medios pacíficos

वे शांतिपूर्ण तरीकों से अपने लक्ष्यों को प्राप्त करना चाहते हैं

se esfuerzan, mediante pequeños experimentos, que están necesariamente condenados al fracaso

वे छोटे प्रयोगों द्वारा प्रयास करते हैं, जो आवश्यक रूप से विफलता के लिए बर्बाद होते हैं

y con la fuerza del ejemplo tratan de abrir el camino al nuevo Evangelio social

और उदाहरण के बल से वे नए सामाजिक सुसमाचार के लिए मार्ग प्रशस्त करने का प्रयास करते हैं

Cuadros tan fantásticos de la sociedad futura, pintados en un
momento en que el proletariado se encuentra todavía en un
estado muy subdesarrollado
भविष्य के समाज की ऐसी शानदार तस्वीरें, ऐसे समय में चित्रित की गईं जब
सर्वहारा वर्ग अभी भी बहुत अविकसित अवस्था में है
y todavía no tiene más que una concepción fantástica de su
propia posición
और यह अभी भी अपनी स्थिति की एक काल्पनिक अवधारणा है
pero sus primeros anhelos instintivos corresponden a los
anhelos del proletariado
लेकिन उनकी पहली सहज इच्छाएं सर्वहारा वर्ग की इच्छाओं के अनुरूप हैं
Ambos anhelan una reconstrucción general de la sociedad
दोनों समाज के एक सामान्य पुनर्निर्माण के लिए तरस रहे हैं
Pero estas publicaciones socialistas y comunistas también
contienen un elemento crítico
लेकिन इन समाजवादी और कम्युनिस्ट प्रकाशनों में एक महत्वपूर्ण तत्व भी
है
Atacan todos los principios de la sociedad existente
वे मौजूदा समाज के हर सिद्धांत पर हमला करते हैं
De ahí que estén llenos de los materiales más valiosos para
la ilustración de la clase obrera
इसलिए वे मजदूर वर्ग के ज्ञान के लिए सबसे मूल्यवान सामग्रियों से भरे हुए
हैं
Proponen la abolición de la distinción entre la ciudad y el
campo, y la familia
वे शहर और देश और परिवार के बीच के अंतर को समाप्त करने का प्रस्ताव
करते हैं
la supresión de la explotación de industrias por cuenta de los
particulares
निजी व्यक्तियों के खाते के लिए उद्योगों को चलाने का उन्मूलन
y la abolición del sistema salarial y la proclamación de la
armonía social
और मजदूरी प्रणाली का उन्मूलन और सामाजिक सद्भाव की घोषणा
la conversión de las funciones del Estado en una mera
superintendencia de la producción
राज्य के कार्यों का उत्पादन के मात्र अधीक्षण में रूपांतरण

Todas estas propuestas, apuntan únicamente a la desaparición de los antagonismos de clase
ये सभी प्रस्ताव, पूरी तरह से वर्ग विरोधों के गायब होने की ओर इशारा करते हैं

Los antagonismos de clase estaban, en ese momento, apenas surgiendo
उस समय वर्ग विरोध केवल फसल ही पैदा कर रहे थे

En estas publicaciones estos antagonismos de clase se reconocen sólo en sus formas más tempranas, indistintas e indefinidas
इन प्रकाशनों में इन वर्ग विरोधों को उनके प्राचीन, अस्पष्ट और अपरिभाषित रूपों में ही पहचाना जाता है

Estas propuestas, por lo tanto, son de carácter puramente utópico
इसलिए, ये प्रस्ताव विशुद्ध रूप से यूटोपियन चरित्र के हैं

La importancia del socialismo crítico-utópico y del comunismo guarda una relación inversa con el desarrollo histórico
क्रिटिकल-यूटोपियन समाजवाद और साम्यवाद का महत्व ऐतिहासिक विकास के विपरीत संबंध रखता है

La lucha de clases moderna se desarrollará y continuará tomando forma definitiva
आधुनिक वर्ग संघर्ष विकसित होगा और निश्चित आकार लेना जारी रखेगा

Esta fantástica posición del concurso perderá todo valor práctico
प्रतियोगिता से यह शानदार स्थिति सभी व्यावहारिक मूल्य खो देगी

Estos fantásticos ataques a los antagonismos de clase perderán toda justificación teórica
वर्ग विरोधों पर ये शानदार हमले सभी सैद्धांतिक औचित्य खो देंगे

Los creadores de estos sistemas fueron, en muchos aspectos, revolucionarios
इन प्रणालियों के प्रवर्तक कई मामलों में क्रांतिकारी थे

pero sus discípulos han formado, en todos los casos, meras sectas reaccionarias
लेकिन उनके शिष्यों ने, हर मामले में, केवल प्रतिक्रियावादी संप्रदायों का गठन किया है

Se aferran firmemente a los puntos de vista originales de sus amos

वे अपने आकाओं के मूल विचारों को कसकर पकड़ते हैं

Pero estos puntos de vista se oponen al desarrollo histórico progresivo del proletariado

लेकिन ये विचार सर्वहारा वर्ग के प्रगतिशील ऐतिहासिक विकास के विरोध में हैं

Por lo tanto, se esfuerzan, y eso de manera consecuente, por amortiguar la lucha de clases

इसलिए, वे प्रयास करते हैं, और वह लगातार, वर्ग संघर्ष को मृत करने के लिए

y se esfuerzan constantemente por reconciliar los antagonismos de clase

और वे लगातार वर्ग विरोधों को सुलझाने का प्रयास करते हैं

Todavía sueñan con la realización experimental de sus utopías sociales

वे अभी भी अपने सामाजिक यूटोपिया के प्रयोगात्मक अहसास का सपना देखते हैं

todavía sueñan con fundar "falansterios" aislados y establecer "colonias domésticas"

वे अभी भी अलग-थलग "फालानस्टेरेस" की स्थापना और "होम कॉलोनियों" की स्थापना का सपना देखते हैं

sueñan con establecer una "Pequeña Icaria": ediciones duodécimas de la Nueva Jerusalén

वे एक "लिटिल इकारिया" स्थापित करने का सपना देखते हैं - न्यू यरूशलेम के डुओडेसिमो संस्करण

y sueñan con realizar todos estos castillos en el aire

और वे हवा में इन सभी महलों को महसूस करने का सपना देखते हैं

se ven obligados a apelar a los sentimientos y a las carteras de los burgueses

वे बुर्जुआ की भावनाओं और पर्स के लिए अपील करने के लिए मजबूर कर रहे हैं

Poco a poco se hunden en la categoría de los socialistas conservadores reaccionarios descritos anteriormente

डिग्री से वे ऊपर वर्णित प्रतिक्रियावादी रूढ़िवादी समाजवादियों की श्रेणी में डूब जाते हैं

sólo se diferencian de ellos por una pedantería más
sistemática

वे केवल अधिक व्यवस्थित पांडित्य द्वारा इनसे भिन्न होते हैं

y se diferencian por su creencia fanática y supersticiosa en
los efectos milagrosos de su ciencia social

और वे अपने सामाजिक विज्ञान के चमत्कारी प्रभावों में अपने कट्टर और
अंधविश्वासी विश्वास से भिन्न हैं

Por lo tanto, se oponen violentamente a toda acción política
por parte de la clase obrera

इसलिए, वे मजदूर वर्ग की ओर से सभी राजनीतिक कार्रवाई का हिंसक
विरोध करते हैं

tal acción, según ellos, sólo puede ser el resultado de una
ciega incredulidad en el nuevo Evangelio

इस तरह की कार्रवाई, उनके अनुसार, केवल नए सुसमाचार में अंध
अविश्वास का परिणाम हो सकती है

Los owenistas en Inglaterra y los fourieristas en Francia,
respectivamente, se oponen a los cartistas y a los reformistas

इंग्लैंड में ओवेनाइट्स, और फ़्रांस में फ़ूरियरिस्ट क्रमशः, चार्टिस्टों और
"रिफॉर्मिस्ट" का विरोध करते हैं

Posición de los comunistas en relación con los diversos partidos de oposición existentes

विभिन्न मौजूदा विरोधी दलों के संबंध में कम्युनिस्टों की स्थिति

La sección II ha dejado claras las relaciones de los comunistas con los partidos obreros existentes

खंड 2 मौजूदा मजदूर वर्ग पार्टियों के लिए कम्युनिस्टों के संबंधों को स्पष्ट कर दिया है

como los cartistas en Inglaterra y los reformadores agrarios en América

जैसे इंग्लैंड में चार्टिस्ट, और अमेरिका में कृषि सुधारक

Los comunistas luchan por el logro de los objetivos inmediatos

कम्युनिस्ट तात्कालिक उद्देश्यों की प्राप्ति के लिए लड़ते हैं

Luchan por la imposición de los intereses momentáneos de la clase obrera

वे मजदूर वर्ग के क्षणिक हितों के प्रवर्तन के लिए लड़ते हैं

Pero en el movimiento político del presente, también representan y cuidan el futuro de ese movimiento

लेकिन वर्तमान के राजनीतिक आंदोलन में, वे उस आंदोलन के भविष्य का भी प्रतिनिधित्व करते हैं और देखभाल करते हैं

En Francia, los comunistas se alían con los socialdemócratas

फ्रांस में कम्युनिस्टों ने सामाजिक-जनवादियों के साथ गठबंधन किया

y se posicionan contra la burguesía conservadora y radical

और वे खुद को रूढ़िवादी और कट्टरपंथी पूंजीपति वर्ग के खिलाफ स्थिति

sin embargo, se reservan el derecho de tomar una posición crítica respecto de las frases e ilusiones tradicionalmente transmitidas desde la gran Revolución

हालांकि, वे पारंपरिक रूप से महान क्रांति से सौंपे गए वाक्यांशों और भ्रमों के संबंध में एक महत्वपूर्ण स्थिति लेने का अधिकार सुरक्षित रखते हैं

En Suiza apoyan a los radicales, sin perder de vista que este partido está formado por elementos antagónicos

स्विट्जरलैंड में वे रेडिकल का समर्थन करते हैं, इस तथ्य को खोए बिना कि इस पार्टी में विरोधी तत्व शामिल हैं

en parte de los socialistas democráticos, en el sentido francés, en parte de la burguesía radical

आंशिक रूप से डेमोक्रेटिक सोशलिस्ट, फ्रांसीसी अर्थ में, आंशिक रूप से कट्टरपंथी पूंजीपति वर्ग के

En Polonia apoyan al partido que insiste en la revolución agraria como condición primordial para la emancipación nacional

पोलैंड में वे उस पार्टी का समर्थन करते हैं जो राष्ट्रीय मुक्ति के लिए प्रमुख शर्त के रूप में कृषि क्रांति पर जोर देती है

el partido que fomentó la insurrección de Cracovia en 1846

वह पार्टी जिसने 1846 में क्राको के विद्रोह को भड़काया

En Alemania luchan con la burguesía cada vez que ésta actúa de manera revolucionaria

जर्मनी में वे पूंजीपति वर्ग के साथ लड़ते हैं जब भी वह क्रांतिकारी तरीके से काम करता है

contra la monarquía absoluta, la nobleza feudal y la pequeña burguesía

पूर्ण राजशाही, सामंती गिलहरी और क्षुद्र पूंजीपति वर्ग के खिलाफ

Pero no cesan, ni por un solo instante, de inculcar en la clase obrera una idea particular

लेकिन वे मजदूर वर्ग में एक विशेष विचार पैदा करने के लिए एक पल के लिए भी बंद नहीं होते हैं

el reconocimiento más claro posible del antagonismo hostil entre la burguesía y el proletariado

पूंजीपति वर्ग और सर्वहारा वर्ग के बीच शत्रुतापूर्ण विरोध की स्पष्ट संभव मान्यता

para que los obreros alemanes puedan utilizar inmediatamente las armas de que disponen

ताकि जर्मन मजदूर सीधे अपने निपटान में हथियारों का उपयोग कर सकें

las condiciones sociales y políticas que la burguesía debe introducir necesariamente junto con su supremacía

सामाजिक और राजनीतिक परिस्थितियों है कि पूंजीपति वर्ग आवश्यक रूप से अपने वर्चस्व के साथ परिचय देना चाहिए

la caída de las clases reaccionarias en Alemania es inevitable

जर्मनी में प्रतिक्रियावादी वर्गों का पतन अवश्यंभावी है

y entonces la lucha contra la burguesía misma puede comenzar inmediatamente

और फिर पूंजीपति वर्ग के खिलाफ लड़ाई तुरंत शुरू हो सकती है

Los comunistas dirigen su atención principalmente a
Alemania, porque este país está en vísperas de una
revolución burguesa

कम्युनिस्ट मुख्य रूप से जर्मनी पर अपना ध्यान केंद्रित करते हैं, क्योंकि वह
देश बुर्जुआ क्रांति की पूर्व संध्या पर है

una revolución que está destinada a llevarse a cabo en las
condiciones más avanzadas de la civilización europea

एक क्रांति जो यूरोपीय सभ्यता की अधिक उन्नत परिस्थितियों में की जाने के
लिए बाध्य है

y está destinado a llevarse a cabo con un proletariado mucho
más desarrollado

और यह एक बहुत अधिक विकसित सर्वहारा वर्ग के साथ किया जाना तय है

un proletariado más avanzado que el de Inglaterra en el
XVII y el de Francia en el siglo XVIII

सत्रहवीं शताब्दी में इंग्लैंड और अठारहवीं शताब्दी में फ्रांस की तुलना में
अधिक उन्नत सर्वहारा वर्ग था

y porque la revolución burguesa en Alemania no será más
que el preludio de una revolución proletaria
inmediatamente posterior

और क्योंकि जर्मनी में बुर्जुआ क्रांति सर्वहारा क्रांति के तुरंत बाद की
प्रस्तावना होगी

En resumen, los comunistas apoyan en todas partes todo
movimiento revolucionario contra el orden social y político
existente

संक्षेप में, कम्युनिस्ट हर जगह चीजों की मौजूदा सामाजिक और राजनीतिक
व्यवस्था के खिलाफ हर क्रांतिकारी आंदोलन का समर्थन करते हैं

En todos estos movimientos ponen en primer plano, como
cuestión principal en cada uno de ellos, la cuestión de la
propiedad

इन सभी आंदोलनों में वे सामने लाते हैं, प्रत्येक में प्रमुख प्रश्न के रूप में,
संपत्ति प्रश्न

no importa cuál sea su grado de desarrollo en ese país en ese
momento

कोई फर्क नहीं पड़ता कि उस समय उस देश में विकास की डिग्री क्या है

Finalmente, trabajan en todas partes por la unión y el
acuerdo de los partidos democráticos de todos los países

अंत में, वे सभी देशों के लोकतांत्रिक दलों के संघ और समझौते के लिए हर जगह श्रम करते हैं

Los comunistas desdeñan ocultar sus puntos de vista y sus objetivos

कम्युनिस्ट अपने विचारों और उद्देश्यों को छिपाने के लिए तिरस्कार करते हैं

Declaran abiertamente que sus fines sólo pueden alcanzarse mediante el derrocamiento por la fuerza de todas las condiciones sociales existentes

वे खुले तौर पर घोषणा करते हैं कि उनके सिरों को सभी मौजूदा सामाजिक स्थितियों को जबरन उखाड़ फेंकने से ही प्राप्त किया जा सकता है

Que las clases dominantes tiemblen ante una revolución comunista

शासक वर्गों को साम्यवादी क्रांति पर कांपने दो

Los proletarios no tienen nada que perder más que sus cadenas

सर्वहारा वर्ग के पास अपनी जंजीरों के अलावा खोने के लिए कुछ भी नहीं है

Tienen un mundo que ganar

उनके पास जीतने के लिए एक दुनिया है

¡TRABAJADORES DE TODOS LOS PAÍSES, UNÍOS!

सभी देशों के मेहनतकश पुरुषों, एकजुट!